資産形成の超正解100

鈴木さや子 著

Correct answer of
asset building

朝日新聞出版

本書を手に取ってくださったみなさまへ

こんにちは。お金とキャリアで悩む人を減らすべく、いろんな活動をしているファイナンシャルプランナーの鈴木さや子です。こうして本を通じてお会いできて、とってもうれしいです。ありがとうございます。

私自身、ファイナンシャルプランナーの勉強をして、資産形成の考え方を知るまで、お金とキャリアで悩みまくりの人生でした。家計管理が苦手で、いつの間にかお金がなくなり、どうしても貯められない。子どもの教育費も貯めないといけないのに、ギャンブルやFXで大損して、取り返そうとしてまた大損して落ち込む。家計簿をつけても続かない。生命保険も営業マンにすすめられたままなんとなく入るから、不安。専業主婦の時間が長くなるほど、自分の力で稼げないことへの罪悪感と社会に出て働くことへの不安感が増大し、同級生の活躍ぶりを耳にしてはさらに落ち込む。これが、15年前の私の姿です。

でも今は違います。

今は、お金に対する不安は、ほぼありません。それは、老後資金や教育費などに備えた資産形成の仕組みを作り上げており、「〇〇万円くらいはお金を準備できそうだから、最低限こんなことができそうだ」という見通しが立っているから。なんとかなるという見通しが立つだけで、不安な気持ちはすっとなくなるのです。

キャリアに対する不安も、以前に比べたら大きく減りました。誰かと自分を比べることをやめ、自分にとって必要なお金を稼げて、自分が無理をしないで取り組める仕事を、シフトチェンジしながら楽しんでいければいいと気がついたからです。そして、お金とキャリアに関する不安がなくなると、笑顔でいる時間が増え、自分も家族も幸せになると実感しています。

本書では、私自身の経験や、FPとして多くの人を見てきたなかでわかった、お金やキャリアの不安を大きく減らすために必要な資産形成の考え方やコツを100個紹介しています。資産形成をするために欠かせない4つの視点「貯める」「増やす」「稼ぐ」「使う」に分けていますので、お好きなところから読んでください。また、それぞれの内容に関連するキーワードをハッシュタグとして記しています。キーワードごとに拾い読みいただくのもおすすめです。

　資産には、お金や不動産など実体のある「有形資産」と、健康やキャリアなど実体のない「無形資産」があります。「貯める」「増やす」の視点では、主に「有形資産」の話を、「稼ぐ」「使う」の視点では、「無形資産」の大切さに触れた項目も多くあり、今後の働き方を考えるヒントとなり得るキャリア理論や、無形資産を作るためのお金の使い方もお伝えしています。

　各項目の最後に"Action!"として考えていただきたいことを添えていますので、「自分の場合はどうかな」と胸に手を当てて考えてみてください。読み終わる頃にはきっと、抱えていた不安が減り、自分に合う資産形成の方法が見つかっていると思います。

　本書が、みなさまの人生をよくする一助を担えたら、こんなに幸せなことはありません。

株式会社ライフヴェーラ
みらい女性倶楽部
鈴木さや子

CONTENTS

Part 1 きちんと貯める

Part2 着々と増やす

Part3 基本は稼ぐ

Part 4 賢く使う

資産形成するなら 知っておきたい **12**

#節約&貯金ワザ

貯金するためには節約が必要なことも。でも、スーパーをハシゴするなど自分にとってツライ節約はもうやめましょう。前向きに楽しく、貯めるお金を増やすことが大切ですよ。そんなワザのいくつかを紹介しています。

#投資

資産を企業や国などに投じ、応援、育てていくのが投資です。投資＝社会参加ともいえ、その分お金が回れば経済も活発に。ただし金融商品について自分で学び、リスクを理解、納得した上で始めることが必須です。

#税金を減らす

申請することで納税額を減らせる税金があります。税金を減らして手元に残ったお金で資産形成を加速させましょう。そのためには税金の知識が必須！減らすために知っておきたいことを解説しています。

#iDeCo・NISA

資産形成のために投資を始めるなら、最初に検討したい iDeCo と NISA。運用益が一定期間非課税になります。とはいえ向いていない人もいるため、制度の特徴をよく知って、自分に合う方法を見つけてくださいね。

#老後資金

資産形成の目的として多くの人が挙げるのが老後資金です。経験したことのない老後の生活に不安を感じるのは当たり前。老後資金の不安を減らすために今からできるアイデアを紹介しています。

#子育て

子育てには教育費も含め、1人あたり 2,500 万円以上かかるといわれます。子どもには夢を叶えてほしいと思うのが親というもの。お金が不足しないよう、やりくりや準備方法を知って、計画的に備えておきましょう。

のキーワード

将来のために資産形成について考えたいと本書を手に取ってくださったみなさんに、ぜひ知っていただきたいポイントをまとめました！

#お金の使い方

お金は、使って初めて自分や誰かを幸せにします。今、資産形成しながらお金を使うときにも、将来その資産を使うときにも、満足度の高い使い方をすることが大事です。自分にとっていい使い方を見つけましょう。

#やっちゃいけない

資産形成を効率的に進めるには避けたほうがよいことがあり、「やっちゃいけない」として紹介しています。なぜ避けたほうがいいのかを知って、意識するだけでも効果はありますよ。

#やらないと損

お金に関することは学ぶ機会が少ないものですが、知らずにいると損することもたくさんあります。よくある「やらないと損」なことをいくつか紹介しています。簡単なことからやってみてくださいね。

#キャリア形成

キャリアは大切な資産のひとつです。なりたい自分を実現させるために、いつどんなふうに働くか、またどう続けていくか考える機会を持ちましょう。どう生きていくか、自分の人生を考えることにもつながりますよ。

#わたし資産

最低限必要になるお金を貯められたら、一定の不安はなくなりますが、もしお金がなくなっても生きていけると思うことができれば、さらに不安を減らせます。そのために必要なモノ・コトを「わたし資産」と呼んでいます。

#マネー教育

子どもには、自分で稼いだお金をやりくりし、騙されない自活力を備えた人に育ってほしいもの。親がマネー教育を意識して生活するといいでしょう。家計や親自身の失敗談をオープンに話すのも効果的ですよ。

ページのここをチェック！

INDEX で気になった#のところを読むこともできます。

Chapter 25

教育費 ▶ #子育て　#節約＆貯金ワザ

教育費準備シートで見える化して貯めよう

「貯める」「増やす」「稼ぐ」「使う」

本書では、お金との付き合い方として4つの視点に分けて解説していきます。
気になるところから読んでいただいてもいいですし、
順を追って読んでいっていただいてもかまいません。

稼ぐ

\スタート！/

稼いで収入を得ることが
資産形成の基本！

余ったら
貯めるじゃダメか！...

貯める

BANK

これで安心！

使う分

先取り貯蓄でお金を
見えないところへGO！

貯めるばかりじゃ
つらい

使う

今も充実
させたい

明日も
がんばろう〜

自分にとって価値あることに
お金を使おう！

増やす

コツ
コツと...

将来やりたい
ことがある！

リタイアまでに
いくら貯めたい

積立投資でコツコツと
資産を育てよう！

きちんと
貯める

漠然と、将来のために貯蓄しなくちゃと思っていても、
いくら貯めればいいかまでは考えたことがない人も
いらっしゃることでしょう。いくら貯めればいいかわかれば、
いくら使えるかもはっきりして、余計な不安を抱えずにすみます。
ここでは貯めるための効果的な方法や
取り入れやすい考え方を紹介していきます。

貯めるための準備 ▶ #節約&貯金ワザ

自分の資産を把握する

たわ子先生の本音

「病気になったときにお金が足りるかな」「資格取得の学校に通いたいけれど、お金を使って大丈夫かな」。そう思っているのに、なかなかお金が貯まらず、やりたいことも始められない、という悪循環に陥っていませんか？ 資産を把握して、その悪循環、すぐに断ち切っちゃいましょう！

資産を把握すれば貯金スピードアップ！

「将来お金が足りるか不安」と感じている人には、貯金など自分の資産がいくらあるか把握していない人が多くいます。不安をなくすためには、何はともあれ現状把握することが大切なのに、「こわいから見たくない」とふたをしてしまっています。実は資産把握にはメリットがいっぱい！ 安心感も得られ、貯金のスピードもアップするんですよ。

＜資産を把握することで得られるメリット＞

①足りていない金額を具体的に知ることができる

②ムダ遣いが減る

③やりたいことに思い切り使える

④（パートナーがいる人は）2人で共に資産形成できる

　資産を把握すれば、「病気になっても〇カ月は貯金で生活できる」と安心できるし、「資格取得の学校にお金を支払っても、〇〇円残るから大丈夫」とか「学校に通うお金が〇〇円足りないから、まずは貯めよう」とすぐに行動を起こすことができます。

また、ムダ遣い撲滅にも効果あり！ お金が減ったことを常に把握するため、たいして欲しくないジュースやお菓子などを、なんとなく買うことも激減し、貯金のスピードも加速します。

パートナーがいる人は、２人で「家計に入れる分」について、貯金額を共有しましょう。共有することで、家計について話し合うきっかけが生まれ、力を合わせて資産形成を進められますよ。

家計簿アプリを使えば資産把握は簡単！

だいぶ普及している家計簿アプリですが、ダウンロードしてちょっと使ってみたあと、続けられず今は触っていない、なんて人はいませんか？※

家計簿アプリが従来の紙の家計簿と大きく違うところは、**銀行や証券会社などの資産データを紐づけできること**。もちろん、レシートを撮影して日々の支出を記録できることも便利ではありますが、すべての口座を合計した資産を常に一目で把握できることが何よりのメリット。私は１日１回は眺めて、ムダ遣いを反省したり、貯金計画を練り直したりしています。

まずは資産把握をするためにアプリを活用し、できる人は日々の支出の「記録」にもチャレンジ！「把握」と「記録」の両輪で、貯めてくださいね！

さや子先生の本音

お客様の中には、初回相談でおすすめした家計簿アプリで日々の支出を記録したことで、ぐんと貯められるようになった人も多くいます。資産も把握できているため、「このくらい貯まったな」「でも今月は食費に使いすぎたな」など振り返りも簡単で、資産形成はとてもうまくいっているそうですよ。

☺Action!

☞ すべての口座の残高、チェックできていますか?

☞ 家計簿アプリに口座情報を連携していますか?

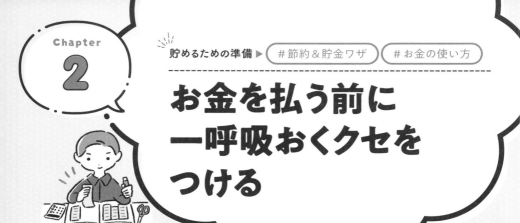

お金を払う前に 一呼吸おくクセを つける

さや子先生の本音

わかっていてもやめられないのがムダ遣い。私も以前は、買い物の半分以上がムダ遣いでした。もちろん今も全くないわけではありません。でも、少しのムダ遣いは生活に潤いも与えます。完全になくそうとしたら苦しいですよ。

シンプルに 「いらないモノを買わなければ貯まる」

私は、以前とても多かったムダ遣いを、2つのことを意識することでぐんと減らせました。

1つは、お金を払う前に必要なモノかそうでないモノか一呼吸おいて考えることです。もう1つは、興奮している・疲れている・不安であるときに、買い物に行かないことです。順に説明しましょう。

まず、お金を払う前に考える内容は次の3つです。

①いつ、どんなときに使う？（服だったら）合わせられる服装はある？

②どのくらいの頻度で使う？

③同じモノをもっと安く買えるチャンスはない？

この3つを考えた上で「必要」と判断したら、自信を持ってレジにGO！ 最初はそれでも後悔することもありましたが、根気よく、毎回3つについて考えているうちに、目に見えてムダ遣いが減りました。

そしてもう1つ意識していることは、買い物に行く

ときに、自分の心の状態を冷静にチェックすること。

興奮・疲労・不安に支配されているときに買ったモノは、ノリで買っているので、軒並みいらないモノばかり。そこで、店に寄りたくなったときには自分の心の状態に目を向け、平常心ではないと感じたときは、気持ちを抑えてまっすぐ帰宅するようにしたところ、ムダ遣いは激減しました。

ネットショッピングでも同じです。洋服などをなんとなく眺めている間に興奮状態になるため、ついいらないモノをカートに入れるのです。ポイントが付いて安くなるとしても、ネットショッピングは貯金の敵。本気でムダ遣いを減らしたいならやめましょう。

買ったあとずっと納得感がある 買い物をしよう

一呼吸おいてから手に入れたモノは、買ったあとも納得感が続きます。ムダ遣いが減ってからというもの、私は、身の回りにある日用品や洋服などにとても愛着を持つようになりました。中にはノリで買って後悔したモノもありますが、それも経験として今の自分につながっていると納得しています。

ちなみに、ムダ遣いの撲滅はSDGsにもつながります。「なんか社会にいいことしちゃった！」とウキウキするのもいいですよ！

©Action!

☞ ここ1年のムダ遣いを書き出しましょう
☞ 自分に合うムダ遣いを減らす対策を考えましょう

さや子先生の本音

平常心でないときにムダ遣いした私の体験談を紹介します。
・興奮していた⇒「セミナーがうまくいってうれしい！自分にご褒美買っちゃおう」
・疲れていた⇒「忙しくてツライからピアス買っちゃおう」
・不安だった⇒「今度の飲み会、きれいな人が多くて浮きそう。洋服買って、ネイルサロンも行かなきゃ」

プラスアルファ

人はお金を払うときまでがもっともハッピー。ワクワクしているのもレジに並ぶまで。そして残念ながら、その高揚感は決して続かないのです。

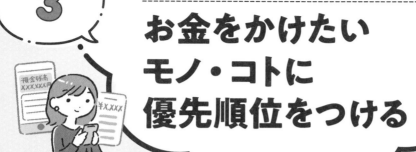

お金をかけたい モノ・コトに 優先順位をつける

さや子先生の本音

飲み会での新しい出会いで世界が広がったり、数十年ぶりの友人と旧交を温めるシーンも多くなってきました。仕事につながることも少なくないんですよ。

なりたい・やりたいことリストを作る

　私は友達や仕事仲間との飲み会が大好きで、用事があったり費用が高すぎたりしなければ、まず断りません。一方、化粧品はほぼプチプラでケチケチ使って、できるだけお金を使いません。アクセサリーや服も、高校生の娘と同じような価格帯で購入しています。

　私にとっての優先順位は「交流＞自分の見た目」であることを自分で把握してから、交際費は惜しまない代わりに、化粧品などにはお金をかけないようになりました。年齢を重ね、顔のくすみが目立ち始めた今、交流にかけていたお金のうち、少しだけ肌の手入れにお金を回そうと考えており、こんなふうに**変化していく自分の優先順位に柔軟に、お金のかけどころを見直し**しています。大事なのは、自分の優先順位を把握することなんです。

　資産形成は将来困らないためにするものですが、今の時間だって将来と同じく、大事な人生の1ページ。「とにかく貯蓄！」と何もかも我慢するのではなく、

最低限必要な分を貯蓄に回し、今、自分が大切にしたいことに優先的にお金をかけるのがおすすめです。

　そのための優先的にお金をかけるモノ・コトを考える手段が「なりたい・やりたいことリスト」と「なりたくない・やりたくないことリスト」を書くことです。これらを書き出していくと、自分がこれからどんな人生を歩みたいのか、どんな生活をしたいのかが見えてきます。

　次に、この人生を実現するために必要なモノやコトを書き出しましょう。お金が必要なことも多いですが、なりたい自分を意識すれば、お金のかけどころも自然と決まります。また、お金以外にも、友達や勉強、心がけなどが必要と気づくことも多いでしょう。

お金のかけどころは人それぞれ。自分の軸を持つ

　私の場合は「交流」にお金を惜しみませんが、何にお金をかけたいかは人それぞれ。「食」かも知れませんし「住まい」でもいいでしょう。

　とはいえ、いくらでもお金をかけていいわけではありません。**手取り収入－最低限貯めるべき金額＝使っていい金額**です。使っていい金額の中で、お金のかけどころを考えましょうね。

さや子先生の本音

私の「なりたくないことリスト」には、
・話せる相手がいなくなること
・愚痴ばかり言ったり後ろ向きになること
などと書いています。そうならないよう、今から意識して、いろいろな年代のお友達を作ったり、前向きに生きるために心理を勉強したりしています。

☺Action!

☞ どんな人生を送りたいですか? やりたいことはなんですか?
☞ あなたにとって「ここにはお金をかけよう」というものはなんですか?

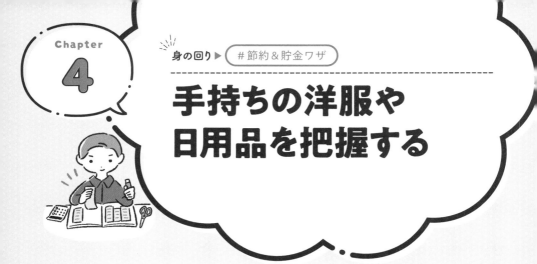

身の回り ▶ #節約＆貯金ワザ

手持ちの洋服や
日用品を把握する

片付けが苦手だからお金が貯まらない？
そんなのは言い訳です

貯金ができる人の家はきれいだと、多くのマネー本に書いてあります。しかし、何を隠そう私は片付けが大の苦手。モノが落ちていても、クローゼットがごちゃごちゃでも気にならないタイプなので、「鈴木さんの家も絶対ピカピカですよね」とかいわれると、汚部屋とまではいかないものの、ピカピカとはほど遠いので赤面もの。でも、お金はちゃんと貯められています。

以前、お客様が「私、ズボラで片付けられないから、貯められない」といっていましたが、それはただの言い訳です。

ではなぜ、片付けが苦手な私がお金を貯められているのか。それは、片付けは苦手だけど、持っているモノはある程度把握しているからです。私のように、どうしても片付けられない人は、把握するための習慣さえ、つけられればいいんです。

自分にできる工夫・習慣を考える

私が意識して身につけた習慣は次の3つです。

①食料品・日用品のストックは1カ所にまとめる

②買い物に行く前に在庫の写真を撮る

③洋服は、半年に一度は全部並べてみる

ムダ遣いしがちなのが洋服や、食料品、日用品のストック。たとえば、「かわいい！」とカーディガンを買ったら、同じような服がタンスの奥にあった、「安い！」と人参3本を買ってきたら、冷蔵庫にすでに人参3本が鎮座していたなんてこと、日常茶飯事でした。

あったものを元の場所に戻すとか、机の上を片付けるといった習慣は結婚後、何度チャレンジしても身につけられなかった私ですが、ムダ遣いをしないために自分で考えたこの3つの習慣は続いています。

①をすると、②で写真を撮るのがラクになります。洋服を買うときは、すべてのタンスやクローゼットを撮影してから行くようにしています。③は季節の変わり目に、あふれかえった服をベッドの上に並べて、古くなったものを捨てたり、写真を撮ったりしています。

片付けられなくたって資産形成はできます。自分にできることを習慣づけて続けるようにしましょう。

さやま先生の本音

ちなみに本音では、片付けられるようになりたいので、片付けや断捨離の情報はいっぱいインプットしています。なので、頭では「ときめかないモノを減らせば大切に着られるし、しわにもならない」ってわかっています。でも現在、本書執筆時点でまだミニマリストにはなれていないようです。あれ？これも言い訳でしょうか…。

☺Action!

☞ 手持ちの洋服や日用品のストック、把握できていますか？

☞ 自分にできそうな「把握するための工夫・習慣」を考えてみましょう

サブスク系支出を見直す

忘れていませんか？
コロナ禍で登録したあのサブスク

　コロナ禍では、多くの人たちが感染対策のために巣ごもりせざるを得ない状況になり、動画や音楽、雑誌などの配信サービスを登録しました。こういった「月〇円で〜放題」といったサブスクリプションサービスはコロナ禍以前からあったものの、おうち時間が増えたことで、私たちの日常に一気に根付いたように感じます。最近はライフスタイルを彩るモノのサブスクも増えています。

　たとえば、部屋に飾る花が毎月届いたり、ビールサーバーなども人気ですね。服やブランドバッグを手軽に借りられるサービスもよく知られています。

　さて、みなさんはいろいろなサブスクの中で、1カ月以上使っていないサービスはありませんか？「初月無料」なんて言葉につい登録してしまい、解約をすっかり忘れているものもあるかも知れません。定期的に洗い出し、見直しましょう。洗い出す手順は3つです。

①クレジットカードの明細や通信業者のスマホ代明細、銀行の通帳を、1年分振り返る

②定期的に支払っているサービスと月額料金を書き出す

③1カ月以上使っていないサービスを解約する

月300円など安いサービスも多いので、つい気楽に契約してしまうものですが、1年間で3,600円、5つ入っていればなんと1万8,000円にもなります。たまにしか使わないなら、そのサービスはなくて問題ありません。思い切ってやめましょう。

サブスク管理サービスの活用がおすすめ

「所有から共有へ」と変わりつつある今、今後もいろいろなサブスクに出合い、契約するかどうか悩むこともあるでしょう。これからは、**サブスク管理を徹底して、「いつの間にか払っている」を撲滅したいもの。**

契約中のサブスクが何か、いくら支払っているか、今度の支払い日はいつかを一目で把握できるアプリなど、無料サービスの活用がおすすめです。サブスクは解約の手続き方法がわかりづらいものも多いのですが、解約の相談ができるサービスもあるようです。ぜひ「サブスク管理」でアプリ検索してみてくださいね。

さえ子先生の本音

私が愛用しているサブスクはAmazonプライム。ペットの餌や必要な本など配送料無料で翌日手に入るし、スマホをTVにつなげば、いつでも映画館気分を味わえるし、通勤中に少し前のJ-POPも楽しめるし、私にとってはコスパ最強サービス！　みなさんも、活用度や満足度が高いサブスクは解約せずに愛用してくださいね。

☺Action!

☞ **契約中のサブスクを洗い出してみましょう**
☞ **1カ月以上使っていないサービスは解約しましょう**

スマホ代を見直す

さやか先生の一言

スマホの電波を受発信する基地を持っている会社は4社あり、MNOと呼ばれます。
・NTTドコモ
・KDDI
・ソフトバンク
・楽天モバイル
MNOブランドの通信業者を利用するのが、今のところおすすめです。

3大キャリアから格安プランに変えるだけで年間3万〜5万円節約できる

　スマホ代の見直しをしたほうがいいことはわかっていてもズルズル後回しにしていませんか？　わが家では、数年前に家族4人でauからY!mobileに変更し、1年間で減らせた支出は、なんと合計12万円！　しかも、使えるデータ容量も5GBから15GBに増量でき、いいことづくめでした。

　特に見直し必須の人は、docomo・au・SoftBankを使っている人。たとえば、使用データ容量が月5GBの人がdocomoからahamoに変えると、月2,695円安くなる上に、使えるデータ容量も20GBにアップ。1年間に換算すると3万2,340円削減できます。また、SoftBankからLINEMOだと年間5万円以上も安くなるんです（2022年12月現在）。

　どうでしょう。この場合はやらないと損ですよね。使用データ容量や電話の有無によっては、見直すと損になることもあるため、まずは試算をしましょう。

MNOブランドの主なラインナップと5GB使う場合の料金例

	従来のキャリアブランド	店舗あり格安ブランド	店舗なし格安ブランド
NTTドコモ	5,665円（〜5GB）	なし	ahamo 2,970円（〜20GB）
KDDI	au 6,765円（〜7GB）	UQ mobile 2,728円（〜15GB）	povo ※povo1.0の例 2,728円（〜20GB）
ソフトバンク	SoftBank 7,238円（〜無制限）	Y!mobile 3,278円（〜15GB）	LINEMO 2,728円（〜20GB）
楽天モバイル	なし	RakutenMobile 2,178円（〜20GB）	なし

高 ────────────→ 安

見直すときに注意したいこと

　もし節約できたとしても、格安プランへの変更にはデメリットもあるので注意が必要です。手間がかかる割には大して安くならなかったり、スマホがつながりにくくなったり、困ったときに窓口で相談ができなくなるなんてこともあるからです。

　見直しをするときには、「通信状態は悪くないか」確認するとともに、家族割や通話オプションなどのサービスも総合的に考えて、比べるといいでしょう。

　また、見直しの際に、今後いろいろな通信会社に自由に切り替えられるように、家族全員キャリアメールの利用をストップして、Gmailに切り替えました。かなり大変でしたが、本当にやってよかったと思っています。

　まずは、今のスマホ利用状況を調べることと、契約中の会社に相談することから始めましょう。各社HPでシミュレーションもできますよ。

☺Action!

☞ **スマホ代の利用明細をチェックしましょう**
☞ **見直したらどのくらい安くなるか計算してみましょう**

※ 図は2022年12月時点／割引適用前のもの。

プラスアルファ

通信会社を変えるのが怖い場合は契約中の会社にもっと安くならないか相談しましょう。店舗がないことが不安なら、店舗ありの格安ブランドに変更します。今のメールアドレスがなくなるのが嫌な場合は、同じMNOの格安ブランドに変更しましょう。

さやこ先生の本音

わが家がY!mobileにした理由は、1人あたり1,188円安くなる「家族割」と相談できる実店舗があるから。もっと安い通信会社もありますが、満足しています。

水道光熱費は
日ごろの意識で
下げられる

プラン・会社の見直し、
使い方の意識改善を

　水道光熱費は、基本料金＋使用料金からなります。水道代の基本料金は家につながる水道管の太さで決まるため、使用料金の削減を目指しましょう。電気代とガス代は、契約プランが自分の使い方に合っているかをまず確認。たとえば電気代は、契約アンペアを下げたり、**昼間家にいない場合、夜の料金が割安なプランにすれば、料金を下げられます。**もっと効果が高いのは、電力会社・ガス会社を切り替えることです。比較サイト「エネチェンジ」にて、一度切り替えることによってどのくらい減らせるか試算してみましょう。

　会社を切り替えなくても、**家族全員で使用量を減らす意識を持つことはもちろん大切です。**流しっぱなしの水や、つけっぱなしの見ていないテレビなんて、ムダでしかありません。水道光熱費を減らしてもイマイチ効果が感じられないという人もいますが、意識改善は資産形成への大きな一歩。子どもがいる人は、モノ

電気・ガス見直しサイト
「エネチェンジ」

使用量を減らせる3つの「しない」

つけっぱなしにしない
誰もいない部屋や階段の電気やエアコン
誰も見ていないテレビ
誰も使わない電気ポットの「保温」
余熱で作れる料理のとろ火

流しっぱなしにしない
手洗い、シャワー、皿洗い中に節水を意識
トイレの水洗は大小を使い分ける

汚れっぱなしにしない
ひどい汚れは事前にふき取ってから皿洗い
コンロの周りをきれいにする
エアコンや掃除機のフィルターをきれいにする

さや子先生の本音

小さい頃、照明が常につけっぱなしの家で育った私ですが、結婚してようやく「使わないときには消す」習慣を身につけました。掃除も普段はモップがけをして、掃除機はゴミを集めた1カ所だけ。料理も極力火を使わない工夫をしています。意識ひとつで大きく人は変われるんですね。

やお金を大切に使う心の育成にもつながりますよ。すぐできる3つの「しない」、明日から意識してみてくださいね。

便利グッズで自動的に使用量を減らそう

意識改善と合わせて、生活を変えずに使用量を減らすためにグッズ活用もおすすめです。たとえば、水道なら節水シャワーや節水コマ、電気ならLED照明、スイッチ付き電源タップ、人感センサー付き照明、窓から冷気や夏の日差しが入らないようにする断熱シートや遮光カーテン、ガスなら保温調理器や圧力鍋などが効果的。もちろん、最新家電に買い替えれば大きく電気代が下がりますが、支出も多いため、家計と相談して慎重に判断するといいでしょう。

☺Action!

☞ 家族全員で3つの「しない」を意識しましょう
☞ 電力・ガス会社の切り替えも検討しましょう

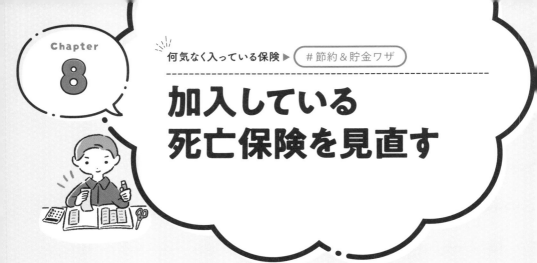

何気なく入っている保険 ▶ #節約＆貯金ワザ

加入している
死亡保険を見直す

死亡保険は必要な分だけ備えればいい

死亡保険は、自分が死亡したあとに経済的に困る人がいる場合に加入します。たとえば、養育が必要な子どもがいる人や収入の少ない配偶者がいる人など。困る人がいないなら、入る必要はありません。

受け取る死亡保険金を高くすれば、支払う保険料も上がって生活が苦しくなります。ですから、**死亡した場合に必要になる分だけ加入するのがおすすめ**。もし、保険料が高いなと思うなら、死亡保険で備えている金額が多すぎないかチェックしてみましょう。

死亡保険で備えるべき金額は、契約してから時間が経つほど少しずつ減るのが一般的。必要な分だけ備えるためには、死後、満期まで毎月保険金を受け取れる「収入保障保険」が保険料も割安で合理的です。特に子育て中の人など、保障金額が大きくなりがちな人に向いていますよ。

□収入保障保険

死後、満期まで、毎月年金形式で保険金を受け取れる保険。たとえば、子どもが生まれたばかりの33歳の人が、自分の死後、子どもが独立する22年後まで月10万円の保障を得たい場合、毎月2,000円台の保険料で入れます。

備えるべき金額の出し方

死亡保険で備える金額 =

死んだあとに必要になる金額
- 遺族の生活費（年間生活費×必要となる年数）
- 子どもの教育費（大学卒業まで）
- 住居費
- 葬儀関連費用

−

死んだあとに受け取れる金額
- 遺族年金（遺族基礎年金・遺族厚生年金）
- 貯金、投資資産
- 死亡退職金
- 遺族の就労収入　など

入りすぎているなら見直して

　計算してみて「必要以上に入っている」と思ったら、保険金額を減額できないか、入っている保険会社に確認してみましょう。加入する人が健康なら、一旦解約して別の保険に入り直すのもアリですね。ただし、20年以上前の予定利率の高いお宝保険は解約NGです。

　入り直すなら、安いネット生保がおすすめです。死亡保険は、保険金を受け取る要件が「死んだとき※」と明確。**死亡診断書さえあれば保険金を請求できるので、保険料が安いネット生保で十分です。**一方、医療保険やがん保険においては、給付の際のトラブルがあり得るため、ネット加入はあまりおすすめできません。

　終身保険に入っていて保険料の支払いがツライなら、解約せずに保険料の支払いを止める「払い済み」にできることがあります。保険会社に相談してみましょう。

☺Action!

☞ **死亡保険に入りすぎていないか、必要な分を計算しましょう**
☞ **保険料をいくら払っているか、書き出しましょう**

死亡したあとに必要になる金額には、葬儀費用のほか、養う家族の生活費、子どもがいる場合は教育費、住居費などがあります。これらの費用を、貯金、受け取れる遺族年金や死亡退職金、そして家族の収入でまかなえるなら、死亡保険はいりません。いくら備えるといいか、一度計算してみましょう。

※

一般的に、両眼の視力や言語機能を永久に失ったときなど高度障害も保険金受取対象です。

払い済みにすると、払い済み時点での解約返戻金を原資とした保険に切り替わるため、その分保障が下がります。また特約も消滅することに注意。

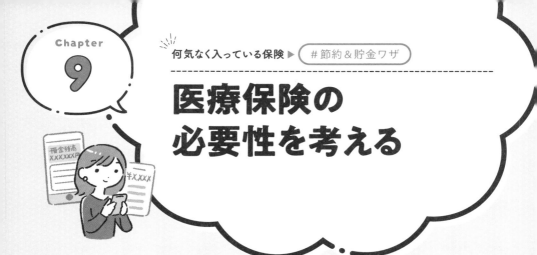

医療保険の必要性を考える

用語解説

□高額療養費制度
医療機関や薬局の窓口で支払う医療費が1カ月の上限額を超えた場合、その超えた分が加入している健康保険から払い戻される制度。

プラスアルファ

病気リスクが高まる70歳を超えると、高額療養費制度で自己負担する金額も、ぐんと下がります。また、加入している健保組合に「付加給付」がある場合は、自己負担額はかなり少なくなります。制度がないか、調べてみましょう。

入院費用は1日1万円程度

　保険の原則は「貯蓄では足りない不測の事態に備えるもの」ですので、**医療費を貯蓄でまかなえるなら、医療保険は不要です。** とはいえ、大きな病気やけがをして入院をしたら、一体どのくらいお金がかかるのか不安で、保険を検討する人も多いでしょう。

　1日あたりの入院費用の目安は余裕をみて平均1万円ほど。自己負担額を超えた分を支払ってもらえる健康保険の高額療養費制度を使うと、一般的な収入の人なら、どんなに医療費がかかっても月10万円くらいしかかかりません。10万円を30日間で割った数字と、入院中の食事代、4人以内の個室を使った場合の差額ベッド代を足すと、1日約1万円となります。個室を希望しなければ、約5,000円に。また入院期間（在院日数）は、病気の種類によって大きく異なります（右図参照）。

　入院費用の目安と期間の目安を見て「こんなにかかったら貯蓄じゃまかなえない」と思った人は、すぐに家計を見直して貯蓄スピードをアップさせて。貯蓄

病気・ケガ別平均在院日数

病気・ケガの種類	がん	脳血管疾患	心疾患	糖尿病	肺炎	アルツハイマー病	骨折
平均在院日数	18.2日	77.4日	24.6日	30.6日	38.0日	273日	38.5日

出典：厚生労働省「令和2年(2020)患者調査の概況」

がなく不安な人は、短期間だけ保険料の低い定期医療保険に入り、その間にしっかり貯めるのがおすすめです。

それでも入りたいなら保障を限定する

しかし、そんなに合理的な考え方はなかなか持てないのも事実。病気をしたときに「入っておけばよかった」と思いそうな人は、がんだけ、または脳血管疾患、心疾患も加わった3大疾病に保障を限定した医療保険に加入するのもアリでしょう。肺炎やケガ程度の治療での保障はなくても、精神的ダメージが大きく、かつ治療期間が長引くことが多い3大疾病にかかったときに保障を受けられると思えば、かなり不安は減少します。

医療保険は原則掛け捨て。病気やケガは誰もしたくありませんから、一生お金をもらわないほうがいいんです。加入しようかなと思ったら、**保険料を全部でいくら払うことになるのか総額を出して、受けられる保障内容と見比べましょう**。そして、保険料を貯蓄した場合もイメージして、自分の選択に納得できるか、考えることが大切です。

☺**Action!**

☞ **保険料総額と保障のバランス、納得していますか?**

☞ **高額療養費の自己負担額と勤務先の付加給付について調べましょう**

さや子先生の本音

医療保険では、入院給付金などお金をもらうには、決められた要件を満たす必要がありますが、自分で貯蓄をしていれば要件にかかわらずどんなことにも使えて安心ですよ。

さや子先生の本音

親をがんで亡くしている私は、自分が受ける精神的ダメージを少しでも和らげたく、がんになったら診断給付金をもらえるタイプの保険に入っています。

何気なく入っている保険 ▶ #節約＆貯金ワザ

自動車保険や火災保険は自分で考えて契約する

必須の保険、自分でも比較検討しよう

損害賠償の発生や家屋の消滅など、自動車事故や火災では、大きなお金がかかる可能性が高いです。万が一に備えてしっかり補償を得たいため保険料は高くなりがち。でも自動車保険や火災保険は、補償内容の検討や他社比較をせずに、すすめられたものに入る人がほとんどです。安くないものですので、自分で考えて契約することをおすすめします。ただし節約を目的にするのではなく、**必要な補償がきちんと備わっているかチェックして**、その中で保険料を抑えられるよう加入できるといいですね。

自動車保険は「車両保険」をチェック

まず、自動車本体の損害を補償する「車両保険」をチェック。「盗難」「単独事故」「当て逃げ」「自宅や車庫での火災」の補償の必要性・範囲は人によって違います。事故で廃車になっても貯蓄で買えそうな人は、車両保険自体、外してもいいでしょう。また自己負担額

（免責金額）を高くすれば、保険料は安くなります。一方で自動車ローンを組んでいる人は、車両保険をつけたほうが無難。状況によって判断しましょう。

「人身傷害保険」も「契約車両のみ」か「他車も含める」かで保険料が大きく変わります。自分の自動車ライフに合わせて選びましょう。運転者の範囲を限定することも忘れずに。最近は1日単位で加入できる自動車保険もあるため、子どもが免許を取ったからといって慌てて範囲を広げなくても大丈夫です。

火災保険は「水災」「風災・雪災」「家財」「盗難」をチェック

持ち家の場合、どんな環境に住んでいるかがポイント。ハザードマップを確認するなどして、リスクをチェックしましょう。マンションであれば水災・風災・雪災の必要性は低めですが「水濡れ」の補償は必須といえます。また、家財の補償に過不足がないかも要チェック。

賃貸の場合は、家財保険に借家人賠償責任特約をセットして入ることが条件になっていることが多いです。では、自室で火事を起こして隣の部屋にも被害を及ぼしたときの費用を補償する類焼損害特約はどうすればよいでしょう。答えは「不要」です。失火責任法では、隣の部屋の人は火元に損害賠償を請求できず、自分の火災保険で対処すると定められているからです。

一般的に「搭乗者傷害保険」は外しても大丈夫。これは、保険金額を上限に、過失割合にかかわらず実際の損害額が補償される「人身傷害保険」にさらに上乗せする意味合いの保険なのでなくてもいいのです。

盗難対策をしっかりしていて不安がない人は火災保険の「盗難」を外すこともできそうです。

Action!

☞ 入っている保険の補償内容を確認しましょう
☞ 過不足があったら見直しましょう

保険は年払いにする

保険に入るなら「年払い」が安い

保険料の支払い方法には、毎月払い込む「月払い」、半年ごとに払い込む「半年払い」、年に一度払い込む「年払い」があり、多くの保険商品でどれにするか選ぶことが可能です。

一般的にまとめて払い込む方法のほうが割安となり、月払いより半年払い、半年払いより年払いがお得なので、選べる場合は年払いがいいでしょう。また、すでに月払いで加入している人は、次の契約月から年払いに変更できるよう手続きをするといいですね。ただし3点注意したいことがあります。

1つめは、会社員など年末調整を受けられる人が、9月以降に年払いで保険に入った場合、年末調整に必要な保険料の払い込みを証明する「生命保険料控除証明書」の発送が、会社の書類提出締め切りに間に合わないことがあります。保険会社によっては、代わりに使える書類を早めに発送するところもありますので、加入の際、確認しておくと安心です。間に合わないと、

プラスアルファ

「生命保険料控除証明書」の発行時期や年末調整の手続き時期は保険会社やお勤め先によって異なります。

翌年自分で確定申告しないと控除が受けられません。

2つめは、年払いで払い込んだ保険を途中解約する場合、2010年4月以降の契約であれば、未経過分保険料の返金を受けられることがありますが、それ以前の契約については返金が受けられないことです。

3つめは、月払いの12倍弱の金額が一度に手元から出ていくのに備えて、資金を計画的に準備しておく必要があることです。自動的に貯まる仕組みを作って、準備しておきましょう（参照記事→**14**）。

クレジットカード払いで数千円も差がつく

どの払込方法でもいえることですが、**保険料は口座振替ではなくクレジットカード払いにすると、ポイント還元を得られてお得です**。たとえば、年払い保険料が10万円とした場合、0.5％還元のクレジットカードで払えば500円分、1％還元であれば1,000円分のポイントがつきます。払込期間が10年であれば、それぞれ5,000円分、1万円分ものポイント還元となります。

ただし、保険会社や商品によってはクレジットカード払いに対応していない場合があることや、1回の支払限度金額を10万円までなどと上限額や下限額が設けられている場合もあるので、保険会社に確認してみてくださいね。

☞ **今入っている保険は年払いですか?**
☞ **クレジットカード払いが可能なら変更しましょう**

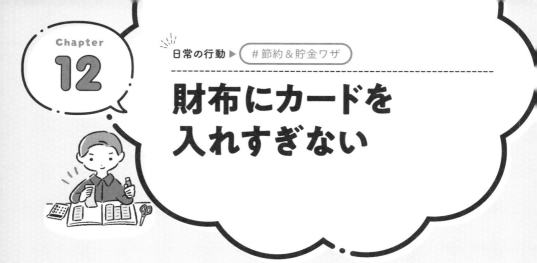

Chapter 12

日常の行動 ▶ #節約&貯金ワザ

財布にカードを入れすぎない

強制的にお金を使えないようにするのが一番

さやま先生の本音

普通預金の金利が0.001%ですから、口座に30万円あったとしたら、年に3円しか利息はつきません。それなのに1回の引き出しで手数料に200円以上支払うなんて悲しい話ですよね。

さやま先生の本音

現金が必要になるのは、飲み会など割り勘で支払うときや、使えるのが現金のみのお店くらいですね。

　FPになる前の私は、すぐにATMでお金を引き出してしまう典型的な「貯まらない人」でした。手近にあるコンビニに昼夜を問わず飛び込み、手数料も気にせず引き出していました。最近はATM利用手数料も上がっています。ムダ遣いの代表といえる手数料は絶対に払わないよう、使っている銀行の手数料は、必ずチェックしておきましょう。

　そもそも、ほとんどの場所でキャッシュレス決済できる今、外出先で急遽「現金」が必要になるシチュエーションはほとんどありません。ですので、私は**キャッシュカードを持ち歩かない**ことにしています。引き出す手段がないわけですから、手数料も心配する必要なし!「今日は現金を使うかもしれない」と思ったら、朝のうちに使いそうな金額だけ財布に入れておけば、それ以上の余計な出費も防げます。私のような意志が弱い人でも簡単にできるムダ遣い撲滅方法ですよ。

カードが少なくなると
財布も自然と整ってうれしい

財布に入れるクレジットカードも見直しを。できれば、**クレジットカードはよく使う1枚に限定しましょう**。ほとんどの決済をコード決済やApplePayなどスマホでしている私ですが、通信状態が悪いときやスマホ決済に対応していない店に備えて、財布にはクレジットカードを1枚だけ入れています。

こうすると財布には、クレジットカード1枚と免許証、健康保険証くらいしか入れなくて済むため、相当すっきりします。もともとはカードもたくさん入ったぱんぱんの財布を使っていた私ですが、カードを入れなくなってから財布が薄くなり、お札も見通しよくきれいに整えられるようになりました。

ポイントカード系は、スマホアプリに入れられるもの以外は使わないようにすれば、財布に入れる必要がありません。ちなみに、どうしてもお釣りや割り勘時などに手に入ることがある硬貨は、定期的に家の貯金箱に入れて、財布がふくらまないようにしています。

片付けが大の苦手の私でも、カードを少なくしただけで、ATMで引き出すことがなくなり、財布が整い、いくら持っているかいつも把握できるようになり、ムダな支出がなくなりました。本当におすすめです。

☞ **財布にどのくらいカードを入れていますか?**
☞ **試しにキャッシュカードを抜いて、クレジットカードも1枚にしてみましょう**

Chapter 13

日常の行動 ▶ #節約＆貯金ワザ　#やっちゃいけない

SNSで流れる広告はポチっとしない

プラスアルファ

ある調査によると、SNSをきっかけに、初めて利用するECサイトで商品を買ったことがある人が、2人に1人以上もいるそうですよ。

広告には買いたくなるような仕掛けが満載

　TwitterやFacebook、InstagramなどのSNSには、たくさんの広告が表示されます。全く知らないサービスやモノでも興味のそそられる内容が流れてきますよね。その理由は、SNS広告は、私たちの年齢・性別・勤め先・学歴・「いいね」した内容などの情報を基に、細かくターゲットを絞って配信されているから。自分に合う内容だから、気になるのはもっともなんです。でもムダ遣いを撲滅したいなら、「流れてくる広告をついポチっとする行為」は厳禁です。

　SNSに限らず、私たちの周りには広告があふれ、どれも私たちが買いたくなるような仕掛けが満載です。こうした広告が、どんなことを考えて作られたのか知っておくと「その手には乗らないぞ」と思い、ポチっとする意欲も購買意欲もなくなるのでおすすめです。よく使われる手段をまとめたので、これから広告を見たら思い出してみてください。

よく見かける広告の文言

仕掛けられている文言	心理効果名	心の動き
口コミランキング第1位！	ウィンザー効果	第三者の口コミのほうが信頼性を高く感じる
今期のみ限定品	スノッブ効果	希少性が高いモノほど欲しくなる
芸能人〇〇さんご愛用	バンドワゴン効果	大人気といわれると流行に後れたくないと思う
3人に1人はリピート	フレーミング効果	表現方法が違うと受ける印象が変わる（「3人に2人はリピートしない」とは書かない）

さやま先生の本音

誘惑に勝てないならSNSを眺めない

　「私にポチっとさせようと、こんなキャッチフレーズで心をくすぐっている」とわかっていても、つい見てしまい、しまいには購入に至ってしまうこともあるでしょう。どうしても誘惑に勝てない人は、**なんとなくSNSを眺めることをやめるようにしましょう。**

　また、SNSでは流れる広告だけでなく、誰かの投稿で知った商品に興味を持つこともあります。最近、UGCといって、消費者のリアルな声や画像などを積極的に活用するマーケティングが増えているのです。購入者にハッシュタグ付きの投稿を促したり、企業の公式アカウントが消費者のつぶやきを引用リツイートしたりするなど、方法はさまざまですが、広告よりも親近感や信頼感を持ちやすく、何となく買ってしまいやすいのでご注意を。

私の経験上、ネット上の広告を入口に買ったモノは自分に合わなくて、「やってしまった」と凹むことが多いですが、みなさんはどうでしょう？ こうした数々の失敗経験を経て、私はネット上の広告は絶対クリックしないようにしています。

本当に必要なモノは、何となくネットで広告をポチっとして買うのではなく、必要になったときに自分からネットショップやリアル店舗に出向いて、後悔しないモノであることを認識してから買うべきだと思っています。

☺Action！

☞ どうやって買わせようとしているか想像してみましょう
☞ ネット通販でムダ遣いしがちならSNS断ちしてみましょう

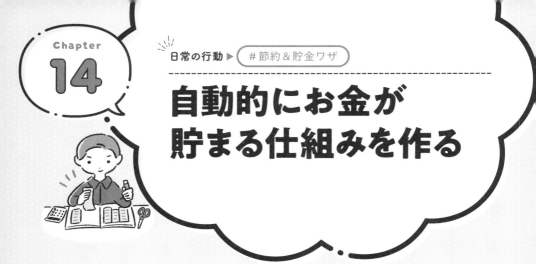

日常の行動 ▶ #節約＆貯金ワザ

自動的にお金が 貯まる仕組みを作る

さやま先生の一言

「足りなかったら困るからこの方法はできない」という人もいますが、それでは一生貯蓄できません。

プラスアルファ

勤務先に「財形貯蓄」や「社内預金」制度があれば使う方法が王道ですが、制度自体がない会社も増えています。
児童手当をもらっているなら、入金先を生活費口座以外に指定することも忘れずに。

貯まらない人はいない 「なかったもの貯蓄」

お金を貯めるのが苦手なら、**ぜひやってほしいのが「先取り貯蓄」**。収入を得たら、使う前に貯蓄分を取り分けて、残りで生活する方法です。このお金はなかったものとして貯める方法なので、私は「なかったもの貯蓄」とも呼んでいます。貯まらない人はいませんよ。

なかったもの貯蓄をせずに、もし残ったら貯めるつもりだと、いくら使っていいかわからず不安になりますが、事前にお金を貯めてしまえば、残ったお金は全部使っていいのでハッピー！ まずは、生活口座からお金が勝手にいなくなる仕組みを作り、残りで生活をしてみましょう。足りないときは、貯蓄する金額を再検討すればいいんです。

自動的にお金が貯まる仕組みを作る

自動的にお金が貯まる仕組みにはいろいろな方法があります。誰でもできる簡単な方法は、**給与振込口座**

着実にお金が貯まる！「なかったもの貯蓄」

❶口座を1つ使う

給与振込口座　手数料無料　毎月自動入金　Aネット銀行へ自動でお金が移動　手数料無料　毎月自動積立　Aネット銀行　定期預金口座
A銀行

❷口座を2つ使う

給与振込口座　手数料無料　毎月自動入金　Aネット銀行へ自動でお金が移動　手数料無料　毎月自動振込　Bネット銀行
A銀行

の金融機関で「積立定期預金」をすること。定期預金に入ったお金は原則キャッシュカードでは引き出せないため、つい出金したくなる人にもおすすめです。

　手間がかかったとしても、もう少し金利のいいところで仕組みづくりをしたい人は、ネット銀行を活用するといいでしょう。方法は2つあります。

①給与振込口座からネット銀行に勝手にお金が移動する「自動定額入金」サービスを使って、普通預金に入ったお金を「積立定期預金」で定期預金口座に貯めていく方法。一般的な銀行より高めの金利で定期預金に積み立てることが可能です。

②「自動定額入金」と「自動定額振込」を組み合わせる方法。①と同様に、自動定額入金でお金を移動したあとに、他行の高金利の普通預金口座に、定期的に振り込む方法です。口座を2つ開設するため少し面倒ですが、この2つのサービスが使える口座を1つ持っていると便利ですよ。

😊Action!

☞ **自動的に貯まる仕組み、できていますか?**
☞ **「なかったもの貯蓄」やってみてくださいね**

用語解説

□積立定期預金

設定した金額を毎月自動的に定期預金に振り替えてくれるサービス。

用語解説

□自動定額入金

手数料無料で、他行の自分の口座から定期的に自動入金するサービス。銀行によってサービスの名称は異なります。

プラスアルファ

自動定額入金と積立定期預金両方のサービスを備えている銀行
・ソニー銀行
・イオン銀行　など

自動定額入金と自動定額振込両方のサービスを備えている銀行
・イオン銀行
・住信SBIネット銀行
※2022年10月現在

キャッシュレスを活用する

さやこ先生の本音

「現金を使わなくて済む」「ポイント還元があってお得」以外にも、「無料で送金ができて便利」というメリットも。グループで集金や割り勘するとき、立て替え精算なども1円単位で即できるので、活用しない手はありません。

キャッシュレスにしたらメリットがいっぱい

コロナ禍で現金のやり取りをしなくて済むキャッシュレス決済が一気に普及しました。クレジットカードはもちろん、電子マネーやコード決済など、決済手段が以前よりもぐんと増え、**どの手段でも0.5％〜数％などのポイント還元を受けられるため、現金で払うよりもずっとお得**。ポイントはまた買い物に使えるため、実質割引されていることになりますね。

メリットいっぱいのキャッシュレスですが、どのサービスを主に使うかは、価値観や性格によって変わります。自分に合うツールはどんなものでしょうか。

キャッシュレスをストレスなく活用する方法

もっともシンプルで多くの人が慣れている方法はクレジットカード払いでしょう。還元率が1％以上など高いカードを選んで、すべての決済を集約するといいですね。最近は、非接触で決済できるタイプもでてき

タイプに応じたキャッシュレスツール

できるだけモノに触れたくない
↳ 非接触型のツール

クレジットカードやデビットカードの非接触型
電子マネー（Suica・PASMO・WAONなど）
コード決済（PayPay・楽天Pay・auPayなど）

お金を使いすぎるのを防ぎたい
↳ 事前にチャージできるツール

電子マネー
コード決済

財布を持ち歩きたくない
↳ スマホ決済できるツール

ApplePay・GooglePay
コード決済

ています。

　また、PayPayや楽天Payなどコード決済を使うときは、支払元をクレジットカードにしておくと、コード決済で得られるポイントとクレジットカードのポイントの2重取りができてお得です。やり方によっては3重取りができることも！　いろいろな種類があるコード決済ですが、よく行くお店やサービスで使えるもの、使っているスマホの通信会社系列のものにするなど、**日常生活に取り入れやすい方法1つに絞るのがおすすめです。**

　もし、キャッシュレスにすると使いすぎてしまう人は、チャージ型か即時払いのタイプがおすすめ。そして、必ずキャッシュレス手段のアプリで、履歴を定期的にチェックしましょう。履歴チェックは、不正利用の早期発見にもつながるので必須作業ですよ。

さや子先生の本音

私は、楽天ペイ、楽天カード、楽天キャッシュを紐づけて、1.5％のポイントを日々もらっています。買い物するお店が楽天ポイント加盟店だとなんとポイントは3重取り！ お得生活を楽しんでいます。

☞ **クレカ1枚+コード決済1つなど、生活に取り入れやすい方法に絞って使いましょう**
☞ **一番お得な使い方は日々変わるから、「ほどほどお得」で納得しましょう**

見栄っ張りをやめる

あなたは見栄っ張り？ セルフチェックしてみよう

　誰にでも、つい自分をよく見せようと見栄を張った経験はあるのではないでしょうか。私も以前は、周りのママたちに合わせてきれいに見せようと少し高めな洋服や靴をわざわざ買ったり、興味がないのにネイルサロンに行ったりしていました。見栄を張ったばかりにムダ遣いをしてしまったのです。

　見栄っ張りな人とは一体どんな人なのでしょうか。

＜セルフチェックリスト＞

> ☐お金がないのに高めの食事の誘いを断れない
> ☐身に着けるものはできるだけブランド品にしたい
> ☐後輩と食事するときは絶対におごる
> ☐収入に対して高すぎる外車や時計を持っている
> ☐年に一度は海外旅行に行かないと恥ずかしい
> ☐お金がないという理由で断るのは恥ずかしい

　見た目をきれいに整えることはとてもいいことですので、チェック項目のすべてがNGということではありませんが、お金に余裕がないのにこれらの感情を持っている人は、少々見栄っ張りかもしれません。

見栄っ張りをやめれば、 幸せなお金の使い方ができる

　私は、見栄を張らなくなった今、自分にとって必要なこと、大事なことだけにお金をかけられるようになり、お金を使う機会すべてに対して、幸せを感じています。

　もちろん、多少背伸びをしてお金をかけることは悪いことばかりではありません。たとえば、自分が心底気に入っているモノならば、高価なモノを身に着けることで自信がついて、仕事のパフォーマンスが上がるかもしれません。後輩との食事の際、きっちり割り勘にするより、少し多めに払ったほうが喜ばれて気持ちいいという人も多いでしょう。**自分が納得し、度を過ぎた金額でない使い方は問題ありません。** でも、**そういう機会が多すぎて貯められないなら、一度お金の使い方を見直す必要があるということです。**

　もし見栄を張らないと、ケチなど陰口をたたかれるようなことがあるならば、そんな人間関係は断ち切るのが一番。そして、自分や家族が「これを買ってよかったな」と心底思えるお金の使い方を心がけましょうね。

さや子先生の本音

「この人にこう見られたらどうしよう」という思いで、興味のないブランド品を買っていた頃は、モヤモヤしながらお金を支払っていました。貯められないし、ちっともいいことがないですよね。

☺Action!

☞ **セルフチェックリストに当てはまることはありましたか?**

☞ **お金の使い方を振り返ってみましょう**

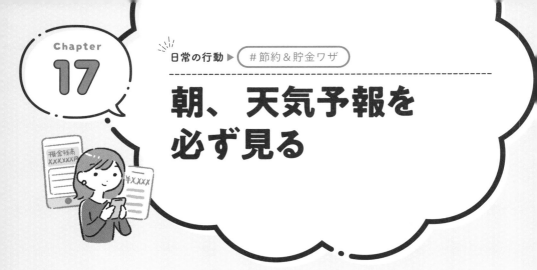

日常の行動 ▶ #節約＆貯金ワザ

朝、天気予報を
必ず見る

1本800円のビニール傘を
年3回買ったら、10年で2.4万円

　みなさんは、外出中に雨に降られて、手持ちの傘がなくコンビニでビニール傘を買った経験はありませんか？

　ビニール傘は1本なら数百円と高いわけでもなく、帰宅して傘立てにしまう頃には、お金を使ったことすら忘れてしまうのが曲者。**もしあなたの家にビニール傘が何本もあるなら、全部でいくら使ったのか計算してみてください。**たとえば1本800円なら、年3回で2,400円、10年間でなんと2.4万円にもなります。

　私もかつてはそうでしたが、「行き当たりばったり」の行動をする人が傘だけで済むわけがありません。ハンカチや防寒着、文房具、道に迷って乗るタクシー代など、あらゆるムダ遣いを生んでいるはずです。

　思い当たることがある人は、今すぐ「行き当たりばったり」から卒業しましょう。卒業する方法は簡単！「先を予測して必要なモノを鞄に入れること」です。

さや子先生の本音

実際、私はビニール傘のほかハンカチを忘れて駅の売店で買ったり、思ったより寒かった日には防寒のためにカーディガンを買ったりしていました。

行き当たりばったりから卒業する方法

　ライフスタイルによっても異なりますが、私の場合は、出かける前に次のことをして必要なモノを鞄に入れることで、行き当たりばったりから卒業できました。

・天気予報をチェックする

→原則、折りたたみ傘を常備していますが、土砂降りになるときは大きな傘を持っていく。気温をチェックして防寒着や脱ぎ着できるような服装にするなど。

・持ち物チェックをする

→自分にとって忘れがちなモノを重点的にチェック。私の場合はハンカチやスマホ充電器。

・経路検索をする

→初めて行く場所の場合、経路検索をして余裕を持った出発時刻に出る。地図もスクショしてスマホに保存しておく。ムダなタクシー乗車を防げます。

　また、折りたたみ傘については、私はよく使う2つのバッグに1本ずつ入れています。こうすることで、バッグを変えても忘れなくて済むのです。こんな簡単な方法に、なぜ以前の自分は気がつかなったのか、不思議でたまりません。みなさんも「行き当たりばったり」から卒業して、ムダ遣いを撲滅しましょうね。

☺Action!

☞ 最近、忘れ物を外で買った経験はありますか?

☞ ムダ遣いしないために、毎朝決めているルーティンはありますか?

老後の生活 ▶ #節約＆貯金ワザ #老後資金

国民年金に 少しお得に入る

用語解説

□**国民年金**

20歳から60歳になるまで保険料を払い込み、原則65歳から老齢基礎年金を受け取る公的年金制度です。

プラスアルファ

クレジットカード払いにしたい人は、手続きに1カ月くらいかかるため、お早めに。2年前納をする場合は、2月末までに手続きを。金額が大きいため、計画的に準備するようにしましょう。

国民年金保険料は払込方法を工夫することで安くできる

　自営業者や学生が加入する「国民年金」。保険料は、一律月1万6,590円（2022年度）ですが、払込方法を変えることで、次のように安くできます。

国民年金保険料の払込方法による違い（口座振替の場合）

払込方法		保険料（1回あたり）	1年あたりの割引額
月払い	翌月末振替	16,590円	なし
	当月末振替（早割）	16,540円	600円
前納	6カ月前納	98,410円	2,260円
	1年前納	194,910円	4,170円
	2年前納	381,530円	7,895円

　払込方法は、納付書で現金納付、クレジットカード払い、口座振替の3つから選べますが、口座振替で「当月末振替（早割）」や「前納」とするのが、お得です。2年分前納すれば、2年間で1万5,790円安くなります。また、前納の場合は、クレジットカード払いにしたほうが、割引額は少ないけれどポイント還元分を加味するとお得になります。

月400円の付加保険料を1年払えば将来年金が年2,400円アップ！

国民年金には、毎月の保険料に上乗せして支払うことで、将来もらう年金額をアップできる「付加年金」制度があります。

上乗せする保険料は月400円。これで将来受け取る年金額が、「200円×付加保険料納付月数」分増えます。もし22歳から60歳まで付加保険料を上乗せし続けると、支払う保険料合計は18万2,400円増えますが、受け取る年金額に年9万1,200円上乗せされ、これがなんと生涯続きます。また、公的年金には「繰り下げ」という制度があり、遅くもらい始めることで年金額を増額できますが、この付加年金も「繰り下げ」の対象にでき、同じ増額率で増やすことができます。

ただし、注意点が2点あります。1つは、年金を受け取り始める前に亡くなると、納めた付加保険料は戻ってこないこと※。もう1つは、付加年金を利用する場合は、付加保険料とiDeCo（個人型確定拠出年金）の掛金を合わせた上限が月6万8,000円（年81万6,000円）となるため、iDeCoの掛金上限額は月6万7,000円（年81万1,000円）となることです。これらの注意点をご理解の上、自営業や学生の人は検討してみてください。

計算式は200円×（12カ月×38年）＝91,200円。要するに、付加年金は、2年間で支払った保険料の元が取れるお得な制度なんです。

※もし死亡一時金を受け取る場合、付加保険料を36月以上払っていたら、8,500円加算される。

☞ 国民年金保険料はどのように払っていますか？
☞ 付加年金、ぜひ検討してみてください

老後の生活 ▶ #老後資金

最低限の生活に かかるお金を知る

老後が不安なのは生活の イメージができないから

　ある調査によると、国民の8割が「老後が不安」と思っているそうです。老後が不安なのは、どんな生活を送るかイメージできないのが原因。でも、老後を送ったことがある若者なんていませんから、不安で当たり前です。まずは自分の送りたい老後の生活を思い浮かべ、最低限かけたい生活費をイメージすることから始めましょう。

不足しそうな金額をイメージしよう

　老後の不安を払拭するステップは、全部で4つ。

step 1　最低限必要な生活費を割り出す

step 2　老後もらえる年金額を調べる

step 3　不足しそうな金額をイメージする

step 4　ステップ3の金額に向けて積み立てを始める

　いくらあれば最低限の生活ができるかイメージできれば、もらえる年金との差額が「不足しそうな金額」

となります。1人暮らしのAさんの例で説明します。

< 1人暮らしのAさん（30代・賃貸）の例 >

・最低限必要な生活費：月15万円
（食費＆日用品4万円・住居費7万円・水道光熱＆通信費：1.5万円・
その他2.5万円）

・もらえる手取り年金額の目安：月11万円

・医療費として備えておきたい金額：400万円※

・退職金予定額：1,000万円

・100歳まで生きるとして試算したい

Aさんの「不足しそうな金額」は次の計算式で割り出せます。

（毎月の生活費15万円−毎月の手取り年金額11万円）
×12カ月×35年間＋400万円
−退職金予定額1,000万円＝1,080万円

仮に今は全く貯蓄がなくても、あと30年で1,080万円貯めればいいので、たとえ金利0％でも、月3万円強の積み立てで達成できます。何をすればいいかわかると、老後への不安がだいぶ解消しませんか？

人によってこの金額は変わりますので、まずは自分の場合について計算してみましょう。先のことなんてわかりません。今の生活も楽しむために、ほどほどの準備を心がけましょうね。

※
医療費の目安について次のように考えています。
現在の65〜100歳にかかっている医療費の合計金額は、10割負担で約1,600万円。年齢と所得によりますが、公的医療保険で1〜3割負担となるため、160万〜480万円といえます。さらに自己負担が下がる制度があることを考えると、300万〜400万円準備しておくことをおすすめしています。
出典：厚生労働省「生涯医療費（2019年度）」

☺Action!

☞ **最低限必要な金額をイメージしてみましょう**
☞ **老後はどんなところに住みたいか、どんな生活をしているか妄想してみましょう**

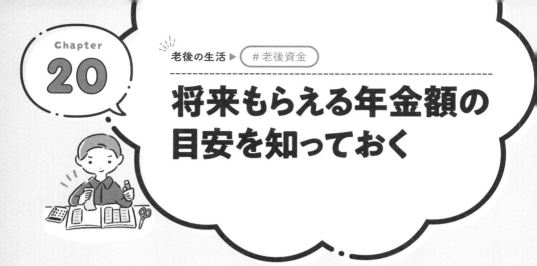

Chapter
20

老後の生活 ▶ #老後資金

将来もらえる年金額の目安を知っておく

どんな方法でもいいので年金額を知ろう

日本の公的年金は、何歳まで生きていてもずっともらえる「終身年金」です。老後の大切な収入源である年金が一体いくらか知ることはとても大切。年金額を調べる方法を3つお伝えしますので、できそうな方法で調べてみてください。

①ねんきん定期便

この方法は、50歳以上の人が一番簡単に調べられる方法です。誕生月に毎年届く「ねんきん定期便」には、50歳以上であれば、このまま同じ加入条件が60歳まで続いた場合の年金見込み額が載っています。

②ねんきんネット

パソコンやスマホで、将来もらえる年金額を試算できるサイトです。マイナンバーカードを持っていれば、国のサイト「マイナポータル」にて、簡単に連携して利用できます。ねんきんネットでは、今後の職業や収入などを自由に入力、試算ができて便利ですよ。

プラスアルファ

50歳未満の人に届くねんきん定期便には、これまでの加入実績に応じた年金額しか載っておらず、将来もらう年金額はわかりません。

プラスアルファ

マイナンバーカードを持っていない人は、ねんきんネットで利用登録をします。3カ月以内に届いたねんきん定期便があれば記載されている「アクセスキー」ですぐ利用スタートできますよ。アクセスキーがない人は、登録後郵送でIDが届き次第スタートできます。

③自分で計算

誰でもざっくりと目安を調べられる方法です。

年金額の試算方法

・自営業の人は基礎年金のみ

基礎年金 **777,800円** ×　⎡(20歳〜60歳の加入期間)⎤　カ月
（令和4年度価額）　　　　　　　　　（480カ月）

・会社員・公務員の時期がある人は厚生年金も加算

厚生年金　⎡平均月収（ボーナスを入れた平均月収）⎤　円　**×0.005481×**　⎡(勤務〈予定〉月数)⎤　カ月

将来、受け取れる年金は、これら3つの方法のいずれかで調べた金額の全額ではありません。社会保険料や税金等が引かれるため、おおよそ8〜9割くらいが目安と思っておきましょう。

生涯もらえる公的年金には必ず加入を

「年金なんてもらえないでしょ？」という人もいますが、心配ご無用。**日本の年金制度は簡単に破綻するような設計ではありません**。国は5年に一度、年金の定期健診にあたる「財政検証」を行って、制度が破綻しないよう数々の対策をしています。年金の給付水準を調整したり、年金に投入する国のお金（国庫負担）の割合も増やしたりしています。また、万が一、保険料収入だけでは不足した場合に活用できるよう、潤沢な積立金を運用して、長期的に備えているんですよ。

☺Action!

☞ **将来もらえる年金額、知っていますか？**
☞ **ねんきんネットで今後の職業や収入を入力して、いろいろ試算しましょう**

プラスアルファ

自営業の人は「基礎年金」のみ、会社員や公務員の人は、「基礎年金」＋「厚生年金」となります。基礎年金について、免除や減額を申請していた時期がある場合は、この通りにはなりませんのでご注意を。

購入前の工夫 ▶ #節約&貯金ワザ　#やらないと損

ネットで買うなら 安くなる方法を使う

さやま先生の本音

最近は、実店舗で試着するなど本当に必要か確認してから、一旦帰って、ポイントサイトの対象にないか、また、ネットならいくらで買えるか検証するようになりました。ただし、偽物にはご注意を。

ポイントサイトを通るだけでお得に

ネットスーパーやAmazon、楽天市場、一休やHotel's com といった旅行予約サイトなど、最近はパソコンやスマホからモノやサービスを買うことが増えました。定価と比較して、安く買えるかチェックすることは多くの人がしていますが、もっとお得に買える方法があるんです。それは、「ポイントサイト」を経由してから買い物をすること。それだけで、サービスによって1％から最大20％までポイントバックを受けられます。

ポイントサイトには、サイトから買い物すると数％のポイント還元が受けられるサービスと、〇〇クレジットカードを作ったら1万ポイントといった高額案件もあります。私は、自分の必要なモノやサービスの購入時には、必ずポイント還元の対象ではないか事前にチェックしています。

注意したいのは、ポイント目的で不要な買い物をしてしまうこと。資産形成したいなら、本末転倒ですよ。

主なポイントサイトと還元率等の例

	楽天リーベイツ	ハピタス	モッピー
イオンネットスーパー	3％	2％	2.5％
ユニクロ	1％	1％	1％
JTB国内旅行	6％	1.2％	2％
Aクレジットカード発行	なし	6,000P	6,000P
ポイントの活用方法	楽天サービスで利用可	各種ポイント・現金に交換可（交換先によってレートが異なる）モッピーは交換手数料あり	
有効期限	最後のポイント獲得から12カ月	最後の利用から12カ月	最後のポイント獲得から180日

※2022年12月現在の情報／対象サービスや還元率は不定期に変わります。

特に楽天リーベイツは手軽に使える

　楽天リーベイツには高額のポイント付与はありませんが、登録だけでもしておくことをおすすめします。ネット購入しようとECサイトにアクセスしたときに、右上に大きく「ここからRebates経由のお買い物で〇％GET！」と出てきて、クリックするだけでポイント獲得の手続きが完了します。他のポイントサイトのように、いちいち「対象かな？」とチェックしにいく必要がなく手軽です。

　ただし、もらえるポイントは楽天ポイントのみで、他のポイントや現金に交換できないため、楽天ポイントが使える店舗での購入や、楽天サービスでの支払いに活用するといいでしょう。

☺Action!

　☞ **ポイントサイト、何か登録していますか?**
　☞ **外での買い物中も、ネットならいくらか**
　　チェックするクセをつけましょう

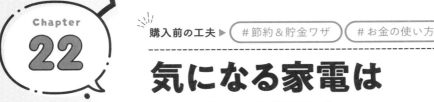

購入前の工夫 ▶ ＃節約＆貯金ワザ ＃お金の使い方

気になる家電は
お試し利用を
してから

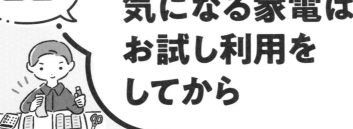

さや子先生の本音

私の場合は、かなり高かったスチームオーブンがまさに「自分には使いづらかったモノ」。最初の数回以後、スチームは一度も使わず、なんなら自動調理ボタンも一度も使わず、この10年間レンチン機能しか使っていません。お試しできたらよかったなと心底思います。

〜一度試してから購入を検討する時代

　話題のオーブントースターや一眼レフカメラ、美顔器など、買うにはためらう値段の製品を一定期間レンタルして、お試し利用をしてから購入を検討できるサービスがどんどん増えています。その背景には、新型コロナウイルスの影響で、店舗に行かずにECサイトで購入したいニーズが高まり、現物を見て決めたい人が増えたこともあるようです。たとえば、共働きの救世主ともいわれるロボット掃除機や自動調理鍋も、最新モデルが月2,000円など手軽な価格でレンタルできます。評判がいいモノを使ってみたら「掃除機をペットが怖がった」「自分には使いづらかった」「少し使ったら満足して使わなくなった」などということもあるでしょう。

　お試し利用をして、自分にとって本当に価値あるモノだけにお金をかけるのが、賢いお金の使い方といえますね。

お得に使うつもりが損しないように

お得で便利なレンタルですが、気をつけないと損することもあります。数あるレンタルサービスから選ぶときには、次のことをチェックしましょう。

＜レンタルサービスを選ぶ際のチェックリスト＞

□ 途中解約の違約金はかかる？
□ 月会費制？　一括払い？
□ 無料で修理可能？
□ 延滞料はどのくらい？

短期間の1人暮らしなら
家電セットレンタルも◎

単身赴任や子どもの1人暮らしがもし1〜2年と短期ならば、家電セットのレンタル利用もおすすめ。 初期費用も抑えられますし、1人暮らしが終わったときに処分する費用も手間もかからず便利です。

ただし、長く使うと買ったほうが安い可能性もありますので要注意。また、購入しても使用後に売却すれば、レンタルより負担を抑えられる可能性もあります。貯蓄状況や使用期間、性格に合わせて、考えるといいでしょう。

☞ レンタル業者のホームページを覗いてみましょう
☞ 気になる家電があったらレンタルも検討しましょう

サービスによっては、気に入ったらそのまま買い取れるところも。ラクですが、レンタル費用と合わせていくらになるか考え、別の会社でも価格を調べてから検討しましょうね。

たとえば、生活必需品である冷蔵庫、電子レンジ、洗濯機がパッケージになった3点セットは2年間で5万円台などと格安で利用できます。

購入前の工夫 ▶ ＃節約＆貯金ワザ ＃お金の使い方

赤ちゃんグッズは
レンタルや中古品を
使う

たわ子先生の本音

〈レンタルや中古を検討したいグッズ〉
・Ａ型ベビーカー
・ベビーベッド
・ベビーバス
・電動ハイ＆ローチェア
・バウンサー
・チャイルドシート
娘は、ベビーベッドではあまり寝てくれず、ほとんど添い寝だったので、レンタルして本当によかったです。

赤ちゃんグッズは親の自己満足

　赤ちゃんを育てるにはお金がかかります。おむつにガーゼに哺乳瓶、ママ用の授乳グッズなど、私も初めての出産時、しょっちゅう買い物に行っていました。**でも赤ちゃんグッズは使う期間が短い上に、新品を買っても使うかどうかもわからないので極力費用を抑えたいもの。**ですのでレンタルや中古品を使うのがおすすめです。

　レンタルする会社は、次の視点で、希望に合わせて選びましょう。

● 借りたい商品の種類は選べる？

● 自宅で受け取り・配送可能？

● 短期間のレンタルはできる？

● 衛生面は大丈夫？

　ただ、レンタルの商品はモデルが古いことや、予定より長くなると延長料金がかかり、買うのと同じかそれ以上のお金がかかる可能性があるなどのデメリットもあります。子どもが気に入り長く使いそうなら、中

古購入に切り替えてもいいですね。

　いくつかの赤ちゃんグッズを、レンタルや中古品で調達して節約していたわが家でしたが、雑誌で見た人気の高額赤ちゃんグッズを、たいして必要ではないのに買ったことがあります。そのおしゃれで高いグッズを、わが子が使っている状況にウットリ…周りのママにいいなあといわれてうれしくなったりと、今思えばただの私の自己満足でした。よっぽどそのお金を、子どもが大きくなってからの習い事やお祝い事に回したほうがよかったと思っています（参考記事→**16**）。

上手に売って赤ちゃんをもう1人笑顔にしよう

　使用期間が短い赤ちゃんグッズは、上手に売ることができれば、経済的にもお得ですし、別の赤ちゃんも笑顔にできますね！　私も、ヤフオクで買った中古のバンボベビーソファを、かなり活用したあとに、ほぼ購入金額と同額で売ることができました。中古で買うときは、箱が付いていてできるだけ美品のものがおすすめです。そして、売るときのために箱はきれいに取っておきましょう。

☞ **赤ちゃんグッズは買いすぎないようにしましょう**
☞ **レンタルできるものがないか調べてみましょう**

Chapter 24

教育費 ▶ #子育て

子が高校を卒業するまではできるだけ貯蓄を崩さない

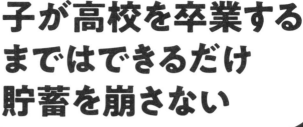

中学までの教育費は公立か私立で雲泥の差

子ども1人あたり2,000万円などといわれる教育費。公立か私立かで、かかる金額はかなり異なります。進路を選ぶ際は子どもの希望だけでなく、その先の大学資金や自分たちの老後資金を貯めながら、**無理なく教育費を払えるかどうか、しっかり家計と向き合うことが大切**です。大学時期にかかる費用に充てられるよう、高校まではできるだけ貯蓄を崩さないで、家計でやりくりできる進路を選びましょう。

高校では地域によっては公立進学の門戸が狭く、私立に行くこともあります。でも大きな心配は不要です。国が行う「高校無償化」によって、世帯年収590万円(両親のどちらかが働き、高校生・中学生の4人世帯の場合)までは平均授業料分が無償となるからです。なお**公立高校については、世帯年収910万円**(同上)**まで無償**となっています。

プラスアルファ

大学受験費用から大学2年くらいまでをカバーできる300万～450万円を目標に、18歳までに貯めておくと安心です。
〈大学でかかる金額〉[※1]
国公立:
初年度163.8万円
2年目以降
年96.6万円
私立文系:
初年度227万円
2年目以降
年145.2万円
私立理系:
初年度261.2万円
2年目以降
年172.4万円

高校の授業料無償化のイメージ（年額）

私立高校等は
上限**39万6,000**円まで加算

11万8,800円支給

590万円　　**910**万円　世帯の年収目安

※私立高校（通信制）は29万7,000円。国公立の高等専門学校（1～3年）は23万4,600円が支給上限額
※世帯年収の目安は、両親・高校生・中学生の4人家族で、両親の一方が働いている場合の目安

私立中学を検討する際は 費用確認を忘れずに

　気をつけたいのは、私立中学への安易な進学。全国平均で、公立中学に通う子の1年あたりの教育費（習い事含む）が約49万円であるのに対し、私立中学に通う子の教育費は約141万円[2]と、約3倍です。学校によってはもっとお金がかかることも。授業料だけでなく、施設設備費、部活や修学旅行等のイベント、制服にかかる費用も、公立よりも高くなりますので、検討する際は、行く可能性のある学校のホームページで費用を確認しましょう。

※1 日本政策金融公庫「教育費負担の実態調査結果（令和3年）」
※2 文部科学省「子供の学習費調査（平成30年度）」

プラスアルファ

私立中学の場合は、親が失職するなど経済的な理由で通えなくなる場合などを除き、公的な支援は原則ありません（自治体によってはあります）。

☺Action!

☞ 進路を考える際、いくらまでなら学費として捻出できるか、計算しましょう
☞ これから出産やマイホーム取得などのライフイベントがないか、それにいくらかかるかも合わせて考えましょう

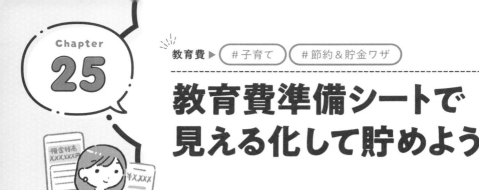

教育費 ▶ （ #子育て ） （ #節約＆貯金ワザ ）

教育費準備シートで見える化して貯めよう

子どもごとの計画を準備シートに書き出す

プラスアルファ

私立大学理系に進学とした場合に貯めておきたい金額の目安は、18歳までに300万〜450万円、15歳までに200万円です。

　教育費を準備するには、一般的に教育費のピークとなる大学入学時と、短期留学や浪人など、突発的な出費が起こり得る高校時代に向けて、計画的に積み立てることをおすすめしています。貯めておきたい金額は家庭によって異なります。手取り収入から大学資金も余裕で捻出できる人であれば大きな積み立ては不要ですし、私立の医学部を目指しているなんて場合や、1人暮らしの初期費用がかかる場合はもっと貯蓄が必要になりますので、状況と希望に合わせて考えましょう。

　目標時期と目標金額を設定したら、図のような教育費準備シートに子どもごとに準備計画を書き出して、足りない金額を見える化しましょう。 書き出すのはちょっと怖いものですが、現実と向き合わなければ資産形成はできません。

　足りない金額が出たら、積立期間で割って、目標を達成できるよう、計画を立ててみましょう。

教育費準備シートの例

目標時期	第1子(14歳)		第2子(10歳)	
	高校入学時	大学入学時	高校入学時	大学入学時
目標金額	200万円	300万円	200万円	300万円
何年後	1年後	4年後	5年後	8年後
充てられる金額	150万円	200万円(学資保険)	0円	200万円(学資保険)
足りない金額	50万円	100万円	200万円	100万円
準備方法	児童手当　月1万円 自動定額入金 　　月1万円 ボーナス　年26万円	自動定額入金 　　月2.1万円	児童手当　月1万円 積立定期　月2.4万円	つみたてNISA 　　月1万円

積み立てるお金が捻出できそうにないとき

　上図の例では、児童手当は全額貯める前提です。それ以外にある毎月の積立金額として、子ども2人分で6.5万円を捻出することとなり、なかなか大変かもしれません。このように準備シートを作ってみたら、今の家計では捻出できない金額が出てしまった…。そんな場合は、まずはスマホ代や生命保険料など固定費を見直して。それでも厳しければ、目標金額を少し下げて調整しましょう。金額を下げても、一旦このように教育費の準備を見える化することで、「貯めないと」という意識がぐんと強まり、これからのお金の使い方も変わっていくこと間違いなしですよ。

Action!

☞ **教育費準備シートを作ってみましょう**
☞ **子どもが小学生以上なら、親子で一緒にシートを作るのもGOOD**

プラスアルファ

教育費の準備には、児童手当のほか自動定額入金・積立定期・つみたてNISAなど自動的に資産形成できる方法がおすすめです(参考記事→**14**)。

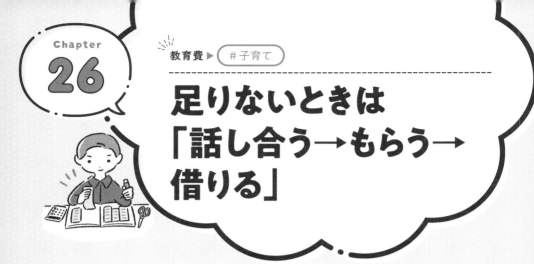

Chapter 26

教育費 ▶ #子育て

足りないときは「話し合う→もらう→借りる」

足りなくてもあきらめず親子で話し合おう

準備をしたけれども、進学資金が不足してしまったときは、子どもにもお金の話をして、次の内容について親子で話し合いましょう。

- 進学先で何を学びたいのか。やりたいことや進学する目的
- 目的を達成できるなら学費がもう少し低い大学は検討できないか
- もらえる奨学金にはどのようなものがあるか※
- 奨学金を借りてでも行きたいか

もらえる奨学金には、住民税非課税世帯とそれに準じる世帯が受けられる国の「給付型奨学金」がありますが、より所得要件がゆるい制度を大学や自治体、企業などが、数多く設けています。

また、借りる奨学金について話すときは、大学を卒業してから子ども自身が長い期間返していくものと説明することも忘れずに。

※

日本学生支援機構のホームページで手軽に検索できますので、行きたい大学で使えるものがないか、子どもに調べさせて。
独立行政法人日本学生支援機構WEBサイト内「大学・地方公共団体等が行う奨学金制度」

貸与型奨学金（日本学生支援機構）の種類

	第一種奨学金	第二種奨学金
所得要件 学力基準	厳しい	ゆるやか
返還義務	あり	あり
利息	なし	在学中なし 卒業後あり

　子どもが家計の状況を知らないと、進学をあきらめたり、逆にどこでも行かせてもらえると思っていたりすることもあるので、この機会に家計についても状況を伝えるといいでしょう。子どもに何も知らせず無理したばかりに、老後資金を子どもに頼ることになるのは避けたいものです。

借りる場合は奨学金、国の教育ローン

　それでも足りない場合は、まずは「貸与型奨学金」を検討します。子ども自身が卒業後に返すものですが、教育ローンよりも低金利で、在学中は利息がつかないのがメリット。また、より厳しい所得・学力要件も満たせば、無利息の「第一種奨学金」も受けられます。ただし、**入学してからでないとお金が入らないため、入学金には使えません**。入学金や受験費用も借りたい場合は「国の教育ローン」の活用を。これは親が借りて、すぐに返済が始まるタイプですが、民間の教育ローンより低金利。奨学金とも併用可能です。

プラスアルファ

子どもが奨学金を借りる場合は、卒業後、毎月いくらを何年間返し続けることになるのか、必ずシミュレーションをさせて。社会に出てからのライフプランにも影響大なので、子どもが納得して借りることが大切です。

☞ 子どもとお金と進路の話、していますか?
☞ 奨学金検索サイトで、まずは探してみましょう

教育費 ▶ (#子育て) (#節約＆貯金ワザ)

子どもの習い事は予算の中で考える

さやこ先生の本音

どんな習い事も事前に体験やお試しをして、子どもがイキイキしているか、ずっと続けそうか、見極めましょう。また、子どもが途中で他の習い事をしたくなったら「させたいけれど、お金がかかるから、両方すると○○ができなくなる」と話して自分の意思で選ばせて。

さやこ先生の本音

子どもにかかる教育費。これからどんなお金がかかるのか、まったく想像がつきません。スポーツ・留学・浪人・サブスクールなど、成長するほど想定外な高額支出も登場します。

教育費は聖域なんかじゃない

　子どもが生まれると「大きくなって困らないように、今のうちにいろいろ習わせなきゃ」と多くの親が思います。私もそう。泳げないと困るから水泳、音感を身につけさせたいとリトミックにピアノ、隠れた才能があるかもとゴルフなど、娘たちが4歳になるくらいからいろいろとやらせていました。予算を考えず選んでいたので、FPとなりライフプランを自分ごととして考えたときに、すごく後悔したのを覚えています。今となっては、やっていてよかったなと親子ともに思うのはピアノくらいでしょうか。

　よく「教育費は聖域」といわれるように、お金をかけないとまずいのでは？と思ってしまうもの。でも、**聖域なんかじゃありません。小さいうちは習い事に過剰なお金をかけず貯めておき、子ども自身が本当にやりたいことが出てきたときに使いましょう。**

習い事の費用は余剰資金の中でコントロール

手取り収入			
住居費	基本的生活・学校にかかるお金	コントロール可能なお金	貯蓄
・（賃貸の人は）家賃 ・管理費 ・住宅ローン返済 ・修繕積立金 ・固定資産税、都市計画税	・食費 ・水道光熱費 ・通信費 ・日用品費 ・学費 ・必要な保険料	・**子どもの習い事** ・娯楽費 ・被服費 ・交際費 ・お小遣い **余剰資金**	・大学資金 ・住宅資金 ・老後資金 ・夢資金

コントロール可能なお金の中で工夫しよう

　多くの習い事が月謝制ですので、1カ月の習い事予算を立て、その中で組み合わせます。子どもが複数いる場合は合計額で考えましょう。小学生であれば、親子一緒に考えるのもいいですね。

　学校にかかるお金以外は、ご家庭でコントロール可能です。習い事の予算は、どうしても減らせない他の支出と必要な貯蓄を除いた金額の中で、「コントロール可能なお金」である娯楽費や被服費、交際費、お小遣いなどとどう配分するかを考えて、出しましょう。

　発表会や合宿、講習など不定期にかかるお金は、始める前に調べて1カ月換算します。親ですから、子どもの夢を応援したいし、才能を伸ばしたいし、相性がいい習い事を見つけてあげたいもの。他の支出と合わせた予算の中で、フレキシブルにチャレンジさせてあげたいですね。

プラスアルファ

中学受験塾は、3年間で250万円ほどかかりますが、中学受験塾の費用のために貯蓄を崩さないといけないなら、やめたほうが無難です。私立中学の学費は、塾代以上にかかるため、余裕を持って支払えないと、家計が窮屈になりますよ。

◎Action!

☞ **習い事は予算を立てて選んでいますか?**
☞ **年に一度は予算を見直ししましょう**

教育費 ▶ #子育て #マネー教育

子どもには
お小遣いで
やりくりさせる

さやす先生の本音

「都度払いなら、子どもの行動を知れるので安心」という声も多く聞きます。そういう人は、都度払いとしても、1カ月の予算を子どもに伝えて、それ以上は出さないようにするのがおすすめ。親が出す項目と子どもがお小遣いから出す項目を、親子で話し合い、明確に決めておきましょう。

やりくりを練習して
自活力のある子どもに

　子どもには、将来お金に困らない生活をしてもらいたいもの。そのために必要な力は、稼ぐ力や騙されない力、相談力などいろいろありますが、身につけることが難しいのが「限りあるお金を大切に使ってやりくりする力」でしょう。キャッシュレス時代の今、子どもが現金を目にする機会はぐんと減っており、**家庭で親が教えないと、お金がどこからどのようにやってくるのか、どうお金を使えばいいのかわからないままになります。**

　成年年齢が18歳となり、高校3年生で18歳になってからは、親の承諾なしにクレジットカードを作るなど消費者契約ができ、もし高額の買い物をしても、親が取り消してあげることもできなくなりました。やりくりができず、お金が足りなくてつい契約を結んでしまったりしないように、小さい頃から、お金を大切に使ってやりくりする練習が必要です。

学校では現金を使った学びは得られませんので、家庭でお小遣いを使って、**小さな失敗を経験しながらやりくりを練習させ、自活力を養いたい**ですね。

お小遣いでやりくりできれば家計も潤う

お金には限りがあることや、生活や学校にはお金がかかること、親が仕事をしてお金を得ていることを子どもが理解するようになると、家計においても好影響があります。

たとえば、貯めようと親が必死に節約を頑張っても、子どもが節約の必要性や家計のことも考えずにお金を使ってしまうと親の頑張りはムダになりますが、そうでなければ一緒に貯めていけますよね。そのためには**日頃から、子どもの前では現金で買い物をして経済活動を子どもの目に触れさせたり、お金の話をすることが大切**。そして小学生くらいになったら、毎週〇円など、定額を渡す定期払いのお小遣いを始めて、**子ども自身が欲しいモノについて、やりくりを任せてみましょう**。最初は足りなくなることもありますが、小さな失敗も大事な経験。あたたかく見守っていきましょう。

さや子先生の本音

高校生くらいになったら、親子間はキャッシュレスでやりとりするのも◎。子どもが立て替えた昼食代などを精算するときもキャッシュレスなら1円単位でピッタリ送金できて、余分な出費がありませんよ。

プラスアルファ

お小遣いで買うと決めたモノについては、親は決してお金を出さないで。都度払いだと練習になりにくいです。

☞ **子どもにお小遣いをあげていますか?**
☞ **子どもにお金のお話、していますか?**

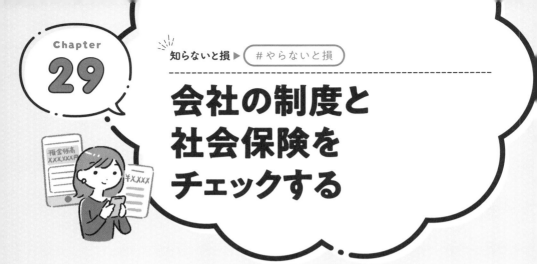

会社の制度と社会保険をチェックする

給与天引きなら簡単に先取り貯蓄できる

　会社員や公務員が先取り貯蓄の仕組みを作るなら、**給与天引きが簡単です。** もし勤務先に財形制度や社内預金があるなら、まずは活用を。財形を利用していれば、マイホーム購入資金の融資も、比較的低金利で受けられるメリットもあります（利用には一定の要件あり）。

　給与天引きできる制度として、持株会がある会社もあるでしょう。ただし**持株会の利用にはデメリットもあるため、注意が必要です。** もし勤務先の経営状態が悪化すると、株価が下がるだけでなく給与も下がる可能性があります。いくら株式の上乗せがあったとしても、トータルで大きな損失を被るかもしれません。リスクを理解の上、積み立てを検討しましょう。

用語解説

□財形

給与天引きで貯蓄ができる制度で、用途自由の一般財形貯蓄、老後の資産形成のための財形年金貯蓄、マイホームの資産形成のための財形住宅貯蓄の3種類あります。年金、住宅は一定金額まで利子などが非課税となる優遇を受けられます。

□持株会

給与天引きで自社株を購入する制度。毎月決まった額で購入でき、奨励金が出ることもあります。例えば月々1万円購入する場合、奨励金が10％つくケースなら1.1万円分の自社株を購入できます。

会社独自の保障を知れば
民間保険を節約できて◎

　勤務先の健康保険組合に加入している場合は、独自の保障である「付加給付」が受けられる可能性があります。病気をして組合に問い合わせて初めて知る人も多い付加給付ですが、あるかどうか、また内容について、健康なうちからチェックすべきです。

　たとえば、1カ月の医療費が自己負担限度額を超えた場合に払い戻しを受けられる「高額療養費制度」では、さらに払い戻しの上乗せを受けられ、自己負担限度額が2.5万円などに抑えられることも。また、連続3日以上病気等で欠勤した場合に通算して最大1年半受けられる「傷病手当金」について、さらに1年間追加されていたりします。知っておけば、民間の保険にかかる支出を減らせるので、資産形成につながりますね。

　自営業には、貯蓄制度や傷病手当金のような働けないときの保障はありませんので、自分で貯蓄制度などに申し込む必要があります。「小規模企業共済」や「国民年金基金」などで廃業時や老後に備えて貯蓄。民間の「就業不能保険（所得補償保険）」で休業による収入減に備えておくと安心です。

付加給付は大手企業の健康保険組合の一部にしかなく、中小企業の従業員が加入する全国健康保険協会（協会けんぽ）などにはありません。ない場合でも、「高額療養費制度」を使うと、自己負担の上限金額はいくらか、傷病手当金はいくらなのか、チェックしておきましょう。

©Action!

☞ 会社の貯蓄制度、チェックしていますか?
☞ 会社独自の保障、チェックしていますか?

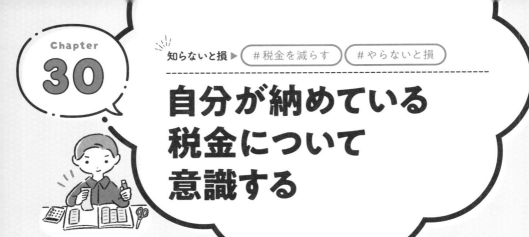

知らないと損 ▶ #税金を減らす #やらないと損

自分が納めている税金について意識する

用語
解説

□年末調整

会社員の場合、会社が従業員1人ひとりのその年の税額を予測したものを毎月1カ月分ずつ差し引いて給与を支払うため、個人それぞれの環境に応じた一部の所得控除は、年末調整で考慮して税額を計算し直し過不足分を調整しています。

税額が間違っていることもまれにあるため、給与明細はちゃんとチェックしましょう。

税金は給与から源泉徴収されている

　会社員や公務員は、所得税や住民税を自分で納めに行く機会がほとんどありません。給与所得者の場合は、原則として会社が給与から税金を差し引いて従業員の代わりに納税してくれるからです。私は会社員だった頃、引かれている税金なんて気にせず、年末調整で還付されたときも「年末のご褒美」的な感覚で、パーッと使っていました。その後自営業になり、初めて確定申告をして納税したときに、自分が納める税金の重みをズシッと感じ、「会社員のとき知っておくべきだった」と強く思ったものです。

　もし会社員や公務員で、今いくらくらい税金を納めているか知らない人は、すぐに給与明細を見てチェックを。「控除」の項目に、所得税・住民税が、社会保険料と一緒に記載されています。

手取りを増やすには税金を減らせばOK

　給与に限らず、納める税金が少なくなれば、手取り

会社員の所得税算出イメージ

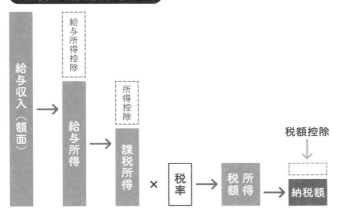

給与収入（額面）→ 給与所得控除 → 給与所得 → 所得控除 → 課税所得 × 税率 → 所得税額 → 税額控除 → 納税額

収入が増えることになります。増えた分を貯蓄や投資に回せば資産形成のスピードもアップしますね。まず、税額がどう決まるかを理解しておきましょう。

　所得税や住民税は、1月1日から12月31日の1年間にもらった収入から、会社員なら「給与所得控除」、自営業なら「経費」を引いた金額をもとに算出します。所得控除を差し引き、課税所得に応じた税率をかけて所得税額が決まり、最後に「住宅ローン控除」「配当控除」などの税額控除を差し引き、納税額が決まります。

　よって、**税額を減らすためには、「所得控除」と「税額控除」を増やせばいいのです**。会社などに任せきりにせず、正しく節税し手取りを増やすために何ができるか、控除を受けるために申告できるものはないかと、自分の税金について常に意識することが大切です。

☞ **自分の納税額、知っていますか?**
☞ **税額の決まり方、理解しましたか?**

用語解説

□ **所得控除**

養っている家族がいたり、生命保険に入っていたり、医療費をたくさん払ったりしたなど、個人それぞれの事情に合わせて「税金を計算する上での所得」を減らして納税者の負担を小さくする制度。

プラスアルファ

住民税は前年の所得に対して課税されます。所得税とは、所得控除等の金額や税率等に違いがあります。

病院、薬局の領収書を取っておく

身近な所得控除「医療費控除」を使う

病気やケガで通院が長引いたり、入院したりしたときは、その年の所得税を減らせる可能性があります。**家族全員分の1〜12月の医療費合計から保険の給付金などを引いた金額が10万円（その年の総所得金額等が200万円未満の人は総所得金額等の5％の金額）を超えていた場合に、税金を減らせます。**チェックできるよう、領収書等を取っておきましょう。

チェックするときは、それぞれの費用に対応する受け取った保険金や給付金、出産育児一時金、高額療養費などを引いてから、合計して「医療費の合計」を出します。その金額から、所得金額×5％（上限10万円）を引いた金額が「医療費控除」となります。減らせる税金は、「医療費控除」の金額に所得税率をかけた金額ですので、もし医療費控除が5万円で税率が10％の人なら、5,000円節税できます。

プラスアルファ

医療費控除は、年末調整では申告できません。翌年2〜3月に確定申告しましょう。必要な書類は「医療費控除の明細書」。国税庁ホームページを使えば、ネット上で簡単に作成できて確定申告書に反映できるので便利ですよ。

医療費控除の対象となる主な費用

- 病院の窓口で払った医療費（医師への謝礼はNG）
- 治療のために買った医薬品
- 治療のためのあん摩・鍼灸院等への施術代
- 問題点が発見された人間ドック代や健康診断費用
- 妊婦健診費用・健診のための通院費用
- 出産のときにかかった分娩費用
- 介護保険で提供された一定のサービスの自己負担額
- 治療のためにかかった電車・バス代（出産時はタクシーもOK）

10万円かからなくても医療費控除が使えるかも？

　年間10万円医療費がかかることはほぼないという人もいます。4人家族のわが家で医療費控除を使ったのは過去3回。2回の出産時と、子どもがケガで手術をした年だけでした。しかし「自分の健康に気を配り健康増進に励んでいる人」は、もっと少ない金額で医療費控除を使える可能性があるんです。それが「セルフメディケーション税制」という特例です。

　健康診断を受けている人なら、ドラッグストアで購入した対象の医薬品（スイッチOTC）代合計が年間1万2,000円超えたら使えますので、領収書（レシート）を取っておきましょう（提出は不要）。

☺Action!

☞ 病院や薬局の領収書は取っておきましょう
☞ 年末に合計して医療費控除が使えるかチェックを

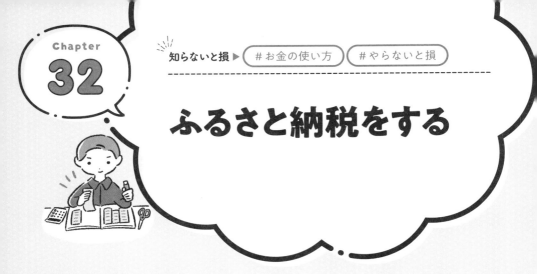

知らないと損 ▶ ＃お金の使い方 ＃やらないと損

ふるさと納税をする

ふるさと納税は寄付の制度のこと

ふるさと納税はCMでもよく流れていますので、多くの人が名前を聞いたことはあるでしょう。しかし「カタログギフトなのになぜ納税って名前なの？」と思ったりしていませんか？　ふるさと納税はカタログギフトではありません。れっきとした「納税」です。

私たちは住んでいる自治体に「地方税」として住民税を納めていますが、**ふるさと納税では、自分のふるさとなど、好きな自治体を選んで寄付した金額のうち、2,000円を超えた金額が住民税などから還付・控除を受けられます**※。要するに、好きな自治体に寄付という形で税金の前払いをしているのです。

自治体によっては、納税先として選んでくれたお礼に、お米やお酒、宿泊券といった品物を送ってくれるため、お礼の品を全面に出したポータルサイトが多数登場しています。一方で、住んでいる自治体への納税額が減るため、自治体によっては税収減少などの問題も生じています。

プラスアルファ

※
年収や家族構成などによって、自己負担額が2,000円を超えずに寄付できる上限額は変わるため、利用前にふるさと納税ポータルサイトで自分の上限額の目安をシミュレーションして知っておきましょう。

ふるさと納税の仕組み

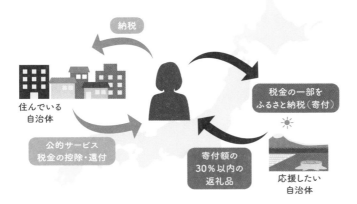

納税

住んでいる
自治体

公的サービス
税金の控除・還付

税金の一部を
ふるさと納税（寄付）

寄付額の
30％以内の
返礼品

応援したい
自治体

さや子先生の本音

私は、以前住んでいた自治体や旅行で気に入った自治体を選んでふるさと納税し、お米やビールをいただき、家計支出が減って助かっています。寄付の使い途を指定できるので、災害時などは返礼品を希望せずに全額寄付をすることもあります。

会社員ならワンストップ特例利用が簡単

　ふるさと納税をするにはポータルサイトで申し込み、決済をします。確定申告を普段しない会社員なら、確定申告しなくて済むワンストップ特例制度が便利です。ただし、ワンストップ特例を使う予定でいても、医療費控除などで確定申告する場合には、特例制度への申請がすべて無効になるので、併せて確定申告する必要があります。医療費控除で受けられる節税金額が少額の場合は、確定申告にかかる時間コストも考慮して検討してもいいですね。

　納税しすぎて手元のお金が不足したら大変です。そもそも余裕があるかよく検討しましょう。

プラスアルファ

ワンストップ特例制度には注意点があります。
・寄付できる自治体は1年間に5つまで
・寄付先の自治体に申請書と本人確認書類を提出
・申請書提出の締め切りに注意
・寄付額−2,000円は翌年住民税から全額控除

☺Action!

☞ ふるさと納税のポータルサイトをチェック！
☞ 縁がある自治体の情報を見てみましょう

ローンは返すもの ▶ ＃やっちゃいけない

安易にローンを組まない

たや子先生の本音

昔、欲しいモノがあったり海外旅行に行きたくなったりしたら、気軽にクレカやキャッシングでお金を調達していた私。キャッシングの機械を銀行ATM感覚で使っていたのです。そんな私も、今ではキャッシング枠は0円にし、ローンは大敵と思えるようになりました。

たや子先生の一言

個人的には、高額のため一括払いが難しい住宅ローン以外のローン（自動車やブライダル等）はおすすめできません。もちろん、カードローンやキャッシングもNGです。

資産形成に借金は大敵

　貯蓄がなくても、ローンを組めば、やりたいことや欲しいモノにお金をかけられます。しかし資産形成したいのであれば、安易にローンを組むのは厳禁。その理由は3つあります。

①利息がムダだから

②ローンが複数になると、毎月の返済額や残りの返済期間を管理するのが難しくなるから

③日頃の買い物でも「借りればいいや」と思ってしまい、支出が膨らみがちだから

　ローンを組むか悩んだら、どのくらいの期間、いくらずつ返し、利息の総額はいくらになるか計算してみましょう。

　右ページの例では、金利1.5％で300万円、1年後に金利4％で80万円をそれぞれ5年払い、その2年後に金利4％で20万円分のローンを3年払いで組んでいます。毎月の返済額がどんどん膨らみ、利息の合計は21.3万円にもなってしまいました。一度ローン

複数のローンを違う時期に組んだ場合

合計
21.3万円

300
万円

毎月の返済額 約**5.2**万円
金利1.5%／5年間

支払利息総額
約**11.6**万円

80
万円

毎月の返済額 約**1.5**万円
金利4%／5年間

支払利息総額
約**8.4**万円

返済額の合計が
月々約6.7万円に

20
万円

毎月の返済額 約**6,000**円
金利4%／3年間

支払利息総額
約**1.3**万円

返済額の合計が月々約7.3万円に

※あくまで試算であり、実際の借入時には条件によって数値が異なることもあります

を組んでしまうと、返済が終わらないうちにまた組んでしまいがち。こうならないためにも、「原則ローンはNG」としておくのがおすすめです。

ローンを組むメリットがあれば利息総額と比べてみよう

　原則NGではありますが、ローンを借りれば得られるメリットがあるならば、メリットと利息総額を比べて、借りるかどうか検討を。たとえば、今ローンを利用して結婚式を挙げれば、親が元気なうちに花嫁姿を見せられる、なんていうことがあるかもしれません。

　もしメリットが大きいと感じても、少しでも借りる金額を下げる方法はないか、金利が低い借入先はないか調べることが大事。資産に占める借金の割合は低ければ低いほど、資産形成が進みますよ。

☺Action！

☞ **安易にローンを組んでいませんか？**
☞ **借りるとき、利息総額をチェックしていますか？**

プラスアルファ

もし組んでいるローンが複数になっている場合は、「金利が高いもの」から優先的に繰り上げ返済をして、元金を減らしましょう。

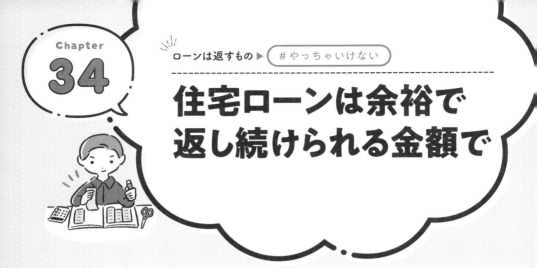

ローンは返すもの ▶ (#やっちゃいけない)

住宅ローンは余裕で返し続けられる金額で

「借りられる金額」ではなく「返せる金額」で

マイホームってうれしいですよね。自分の家ですからこだわりも理想も叶えたいけれど、すべて叶えるにはお金がかかります。

物件の見学に行くと、「今の家賃と同じ金額を返せれば大丈夫」といわれることがありますが、**賃貸と違ってマイホームの場合は、家賃以外に税金や管理費、修繕のための積立などいろいろお金がかかることに要注意。家賃より低めの返済になるようにしましょう。**

また、不動産業者や銀行で住宅ローンの相談をすると、年収から計算した「借りられる金額」が提示されますが、この金額で借りてしまうと、返済がきつくなってしまうことがあることをご存じですか?

たとえば手取り年収が500万円（額面年収が625万円とする）の場合、借りられる上限金額をフルに借りてしまうと、毎月の返済約18.2万円が35年間続くことに。ボーナスがなく、手取り月収が42万円としても、

さや子先生の本音

コロナ禍にはボーナスが出なかったり失職したりして、住宅ローン返済ができなくなった人が多数いたそうです。世の中、何が起こるかわからないため、余裕をもって返せる金額でローンを組んでおくと安心。

借りられる金額と返せる金額の目安

● **手取り年収500万円の場合**

条件：返済期間35年／全期間固定金利／元利均等返済／金利1.5％

借りられる金額 （返済比率が額面年収の35％）	返し続けられる金額の目安 （返済額が手取り年収の25％）
5,953万円	**3,396**万円
↓	↓
毎月の返済額：約**18.2**万円	毎月の返済額：約**10.4**万円

返済額は手取り月収の4割超をも占め、家計はかなりキツキツ。安心して返し続けられる返済額は、手取り年収の25％が目安です。この場合では毎月の返済額は10.4万円、借入金額は3,396万円となり、2,000万円以上、少なくなります（なお、借りられる金額の算出方法は金融機関により異なります）。

　マイホームを買うときは、今後の生活をイメージし、返し続けられるかよく考えて予算を設定、その上で頭金を貯めつつ、物件探しをしましょう。

ボーナス併用払いは厳禁

　ボーナス併用払いにすれば、毎月の返済額を抑えられますが、ボーナス支給が変わらず続くかは不透明。長期間の住宅ローンでボーナス併用払いは厳禁です。

さやか先生の本音

借入金額を下げるためにも、マイホーム購入を考えているならば、早いうちから貯蓄を進め、頭金を作っておきましょうね。

☺Action!

☞ **借りられる金額で物件探しをしていませんか？**

☞ **長期間の借金、どのくらいなら返し続けられますか？**

住宅ローンの見直しをしてみる

今の銀行で金利交渉やプラン変更するのがもっとも手軽

　住宅ローンを見直すときは、まずは他の銀行に借り換えたときの効果を、借り換え候補先の銀行のWEBサイトでシミュレーションしましょう。その上で、どう見直しするか考えていきます。

　住宅ローンの見直しにはいくつか方法があり、もっとも手軽にできるのは、**ローンを借りている銀行に金利交渉する**ことです。他行への借り換えを本気で考えていることを示して交渉すると、金利変更に応じてくれる場合も。ダメ元で相談してみるといいでしょう。

　もっとも効果が高いのは、**他の銀行への借り換え**で、金利も返済額も大きく下がることも少なくありません。しかし、かなり手間がかかります。ローンを最初に組んだときと同じ手続きが必要ですし、諸費用も必要に。検討する際は、毎月の返済額だけでなく、諸費用を入れた総支払額と手間も含めて、トータルで効果を判断するといいでしょう※。

プラスアルファ
※

効果が大きい人の目安は、残債が1,000万円以上かつ残りの返済期間が10年以上あることですが、あくまで目安なので、試算して判断を。

＜シミュレーション例＞

● 効果が大きい例

元金残高4,530万円
残りの返済期間25年
今の金利1.2％
借り換え後の金利0.4％

毎月の返済額
約 **1.6** 万円 ⬇

諸費用込みの総支払額
約 **353** 万円 ⬇

● 効果が小さい例

元金残高900万円
残りの返済期間10年
今の金利1.2％
借り換え後の金利0.4％

毎月の返済額
約 **3,100** 円 ⬇

諸費用込みの総支払額
約 **0.9** 万円 ⬇

貯蓄力があるなら固定金利から 変動金利への変更もアリ

　固定金利で借りている人が、より金利の低い変動金利に変更して、毎月の返済額を減らす見直し方もあります。変動金利には、金利上昇によって返済額が上がるリスクはありますが、貯蓄力のある人ならば一考の余地あり。返済額を減らせた分を貯め、繰り上げ返済をして元本を減らし完済時期を早めることで、リスクにある程度備えられます。ただし、借り換えより費用や手間がかからない代わりに、金利があまり低くならないこともあります。

　なお、子どもの進路が未定など、貯蓄が続けられるか読めない人は、変更しないほうが無難でしょう。

☞ 今のローン金利や残債をチェックしてみましょう
☞ 一度借り換えシミュレーションをしてみましょう

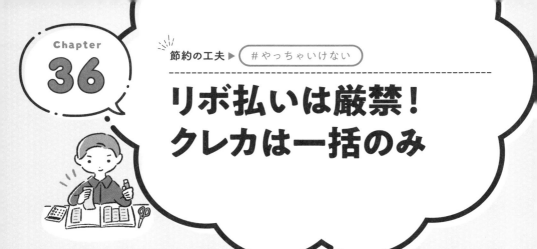

リボ払いは厳禁！
クレカは一括のみ

カード会社は儲かるリボ払いを増やしたい

　クレジットカードでどんなに買い物しても、返済金額が毎月同じになるリボ払いは、一見とっても便利。しかし、返済期間が長期化しがちで手数料（利息）が膨らみやすく、とても危険です。**資産形成したいなら今すぐリボ払いはやめましょう**。

　ところが、気がつかないうちにリボ払いで返済していることがあります。カード会社は手数料を多く稼げるリボ払い利用者を増やしたいので、リボ払いになるような導線をいろいろと仕掛けています。請求メールに合わせて「今月の支払金額を調整したい方へ。リボ払いに変更すれば今月の支払金額を減らせます！期限は○日○時○分まで！」と煽ってくるものも。いかにも消費者のためを思ってお知らせしてくれている感じに、騙されないようにしましょう。

　自分では気をつけていたつもりでも、無意識にリボ払いになっていないか、カード払いの明細を毎月

チェックすることが大切です。もし意図しないリボ払いになってしまっていたら、すぐに解除を。その場合でも、返済中のリボ払いは止まらないため、繰り上げ返済や一括返済で返すようにしましょう。

＜意図しないリボ払いになるきっかけの例＞

- 初期設定がリボ払い
  ➡一定金額を超えると自動的にリボになる設定もある
- 実はリボ払い専用カード
  ➡リボという言葉が入っていないカードもある
- リボ払いへの変更お誘いメールに応じてしまう
  ➡高額決済時に業者からメールが来ることがある
- リボ払いが参加条件であるキャンペーンに応募する

カードの分割払いは家計管理をややこしくする

支払回数を分割にすれば、1回あたりの支払金額が低くなるので、特に高額の買い物のときは便利です。しかし、分割すると数カ月間にわたって支払義務が生じます。複数回分割で買い物すると、1カ月にいくら返すのか把握が難しく、家計管理がややこしくなるでしょう。

2回払いまでは手数料はかからないとはいえ、**分割しないと払えない買い物は、そもそも分不相応であると思うべし**。お金を貯めたいなら一括払いが原則です。

☞ **クレカはリボ払いの設定になっていませんか？**

☞ **分割払いをよく利用しているなら今後は一括払いに徹底を**

「一括でお願いします」とレジで伝えても、リボ払い専用カードを使っている場合は、リボ払いになってしまいます。もし自分のカードがリボ払い専用カードの場合は、次の方法で実質一括払いにできることがあります。

・毎月の支払金額をできるだけ大きくし、1カ月の利用を範囲内に収める
・追加返済をすぐにする

還元率のよい
クレジットカードを使う

プラスアルファ

普段使いの1枚を選んだら、他に目的に応じて1〜2枚は家に置き、使うときだけ持ち歩きましょう。全く使わないクレカは解約を。

普段使いは還元率のよい1枚に限定

　いろいろなきっかけで作るため、複数持っている人が多いクレジットカードですが、**還元率とサービスをチェックして、一番使いやすい1枚に限定するのがおすすめです。**私は、自分のプライベート支出用に1枚、家計支出用に家族カードを1枚と、それぞれ選んで使い分けています。

＜ここに注目して1枚を選ぼう＞

- **還元率が高い**
  通常1%以上
  よく使う店の還元率が高いもの

- **ポイントが使いやすい**
  共通ポイントとして使えるもの
  翌月利用時にキャッシュバックされるものも◎

- **よく行く店で特典がある**
  クレカ提示や利用で割引サービスがあるもの

- **年会費がかからない**
  原則無料のものが◎
  年会費がかかる場合は、特典やサービスに会費以上の価値があるかチェック

この条件を満たす主なクレカ例は「dカード」「楽天カード」「PayPayカード」など。通常は0.5％の還元率がコンビニで使えば5％になる「三井住友カード（NL）」も人気ですし、請求金額が自動的に1％オフになる「P-oneカード」も使いやすいですね※。

まずは持っているものから1枚を選びましょう。新しくクレカを契約するなら、ポイントサイトを経由して。新規契約で大きなポイントをもらえてお得です（参考記事→**21**）。誰にでも合うオールマイティなクレカなんてありません。「これは還元率は低いけれど、自動キャッシュバックできるから気がラクでいいな」など、自分が内容に納得して活用できれば100点です。

付帯サービスの内容を理解する

よく理解していない人が多いのが、クレカの付帯サービス。特に大切な「ショッピング保険」「個人賠償責任保険」「海外旅行傷害保険」は、付帯しているか、どのような内容かを必ずチェックしておきましょう。海外旅行傷害保険は、クレカで旅行代を払っていないと補償を受けられない「利用付帯」と、払っていなくても受けられる「自動付帯」のどちらかを調べておくと安心です。

プラスアルファ

ポイントを失効させるのが怖い人は、自動キャッシュバックできるものがおすすめ。

※クレジットカードの情報は2022年10月時点。

用語解説

□**ショッピング保険**

クレカで買った商品が、一定期間内に破損したり盗難にあったりした場合に、条件を満たしていれば補償を受けられる保険。条件はクレカによって異なり、「海外で購入」「リボ払いや分割払い」などがあります。補償限度額や自己負担額も要チェック。

☺Action!

☞ **お持ちのクレカの還元率、特典など調べましょう**

☞ **いらなくなったクレカは解約をしましょう**

節約の工夫 ▶ #節約＆貯金ワザ

たまにしか
乗らないなら
自動車を持たない

プラスアルファ
※

自動車を持っていると
かかる費用の例
・駐車場（月2万円）
・自動車税
　（年3.45万円）
・車検代
　（年4.5万円）
・自動車保険
　（年5万円）

計　年36.95万円

自動車を手放すだけで家計が
ものすごく改善する

　マネー相談を数多くしていますが、自動車のあるなしが人生のキャッシュフロー（今後の資産の増減）に与える影響はとても多いと感じます。自動車を持っているだけで駐車場や自動車保険などのコスト※が、買い換えるときには購入費用や税金（環境性能割）がかかります。もちろんガソリン代もばかになりません。

　たまにしか自動車に乗らず、近くにカーシェアやレンタカーの拠点がある人や、他の移動手段がある人は、自動車を手放すのがおすすめ。年37万円コストがかかっていた場合、手放すだけで10年で370万円、30年では1,110万円も資産が生まれますよ。

カーシェアやレンタカーに
向いている人は？

　カーシェアやレンタカーにはどのくらいお金がかかるのでしょう。業者によって異なりますが、あるカー

シェアでは毎月の基本料金が1,000円近くかかり、もし週1日12時間使った場合は、1年間で約30万円かかります。カーシェアの特徴は、15分単位で利用料金が設定されていること。1時間しか乗らなければ1,000円以内で済むので、実際には自動車にかかるコストより相当低くなるでしょう。またガソリン代もかかりません。

ただし、乗らなくても基本料金がかかること、予約が埋まっていると借りられないことがデメリットです。

一方、レンタカーは原則ガソリンを満タンにして返さないといけないのですが、ドライブ先で乗り捨てができたり、月額基本料がかからないメリットがあります。車種もカーシェアに比べると、好きなタイプを選べます。近場への買い物など短時間の利用が多い人はカーシェア、頻度は低いけれど長時間の利用をしたい人はレンタカーが向いています。

かかるコストと自分の使用状況、そして享受している利便性を天秤にかけて、検討しましょう。意識しておけば、本当に不要になったときにささっと手放せますよ。

さや子先生の本音

こんなふうにアドバイスを書きましたが、わが家はというと、実は自動車を手放せておりません。理由は、子どもが大きくなっても自動車に乗る頻度が減らないから。土日はほぼ毎週、平日も週2〜3日使っています。

☺Action!

☞ **自動車にかかるコストを計算してみましょう**
☞ **近くにカーシェアやレンタカーの拠点があるか調べてみましょう**

節約の工夫 ▶ (#やっちゃいけない) (#わたし資産)

たばこを吸わない

喫煙者の割合は、30年前と比べると男性は半分以下の27.1%、女性は少々減って7.6%（2019年厚生労働省調査）に。喫煙エリアも減り、愛煙家にとっては、肩身の狭い世の中になっています。

シミュレーションには金融庁のサイトが便利です。
「資産運用シミュレーション」

資産形成したいなら即やめるべし

資産形成するのに何かを我慢することはすすめない私ですが、たばこだけは「即やめるべし」といいます。たばこの価格は、たばこ税の増税に伴い年々値上がりし、いまや1箱400〜600円と20年前の2.5倍に。お金がかかるようになったこともあり、たばこを吸う人の割合はかなり減ってきています。

とはいえ、やめられないという人は、たばこ代をすべて貯めたら、と考えてみてください。

500円のたばこを1日1箱吸っていた人がやめた場合、1カ月1万5,000円、1年間で18万円積み立てられます。すべて預金でも10年で180万円、30年後には540万円に。これだけでも老後資金の足しになりますが、積立投資をして、年平均利回りが3%となれば874.1万円、5%なら1,248.4万円になる可能性もあり！

たった500円と侮ってはいけません。ちりつも積立で、500万円、800万円、1,200万円という資産ができるなんてうれしいじゃないですか。

1日1箱分のたばこ代を積立投資に回した場合の運用成果予測

年平均利回り	10年後	20年後	30年後
0%	180.0万円	360.0万円	540.0万円
3%	209.6万円	492.5万円	874.1万円
5%	232.9万円	616.6万円	1,248.4万円

1箱500円1カ月1.5万円で試算、手数料、税金等は考慮しておらず、実際値とは異なる場合があります。
※将来の運用成果を予測し、保証するものではありません。

非喫煙者は保険も安く入れる

たばこがもたらす健康被害は科学的に証明されており、たとえばがんで亡くなった人のうち、男性で約30％、女性で約5％はたばこが原因と考えられています。つまり非喫煙者は、喫煙者に比べて、病気になったり死んだりするリスクが低いといえるのです。

保険商品によっては、たばこを吸っていない人や健康な人の保険料が安くなるものがあります。 健康状態は同じにして試算したところ、商品や保険期間などにより異なりますが、喫煙者より非喫煙者のほうが保険料は約10〜30％も安くなりました。非喫煙者の判断は、「過去1年（または2年）以内に喫煙をしていない」と告知することと、綿棒のようなもので唾液を採取するコチニン検査により行われるのが一般的です。

たばこをやめれば、たばこ代や減った保険料で金融資産を作れるだけでなく、病気リスクが下がり健康という資産も作れるんです。いいことずくめですね。

☺Action！

☞ 1カ月にかかるたばこ代を計算してみましょう
☞ たばこ代を積立した場合にどのくらい資産ができるかシミュレーションをしましょう

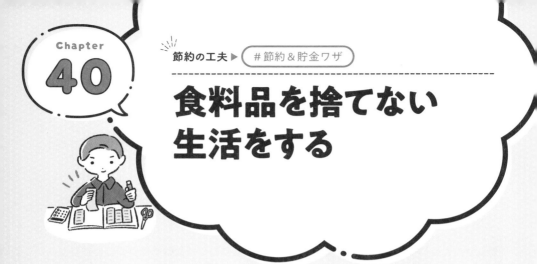

食料品を捨てない生活をする

食材や調味料を期限内に使い切ることを目標に

　資産形成したいと思ったとき、支出を見直すべきは、まず固定費が鉄則。健康の基となる大切な食について支出を減らすために奔走するのは、最終手段です。

　とはいえ食費だってムダ遣いはいけません。**家庭における食のムダ遣いがフードロス**。スーパーを渡り歩き底値食材を買うなどの節約の前に、「フードロスをなくす生活」を徹底することに注力してみませんか？日本のフードロスは年々減ってきてはいるものの年間522万トン（令和2年度）。人口1人あたりのフードロス量は年間約41キログラムで、これは毎日お茶碗1杯分を捨てているのに近い数字とのこと。主に食べ残しや、手つかずの食品、皮の剥きすぎが発生の原因なんだそうです。

　ゴミ箱にお金を捨てる人はいないけれど、**食料品を捨てることもお金を捨てるのと同じこと。食料品を捨てないようになれば、食費は自然と減る**はずです。

食料品を捨てない生活にするために

　食料品を期限内に使い切りフードロスをなくすために私が日頃意識しているのは次のことです。

＜フードロスをなくすための工夫＞

- 買い物リストを作る
  ➡買い物前に冷蔵庫や食品棚をチェックして買い物リストを作成
- まとめ買いはしない
  ➡近日中に食べきる分だけを。安くても忘れて使わなかったら本末転倒
- 週末はあるもので調理する
  ➡レシピサイトを駆使してゲーム感覚でチャレンジ！
- 長持ちするように保存する
  ➡食料品に記載されている保存方法を読んで守る
  ➡野菜など保存方法をネットで調べて、適切に保存する
  ➡できるだけ小分けして冷凍保存。調理する日に使う

　買い物に行く前に、誰がどのくらい食べるか家族に訊いて1週間の大まかな必要量をイメージ、冷蔵庫や食品棚をチェックして、買い物リストを作ります。リストを作れないときや外出先で買い物する場合は、家にいる人に冷蔵庫や食品棚の写真を撮って送ってもらうことも。そして、できるだけお腹がいっぱいのときに買い物に行くことで、余計な買い物も減らせます。

　週末は野菜も肉魚も枯渇気味。そこでゲーム感覚で「絶対家にあるもので頑張るぞ」と楽しく使い切るようになりました。好みもありますが、ツナ缶や鯖缶、パスタなど麺類を切らさないようにしておくといいですよ。

さやか先生の本音

期限が間近なものや季節限定の商品、少しの傷があるものなどを価格を抑えて販売しているサイトも複数登場しています。上手に活用して、家庭の食費を抑えるだけでなく、世の中全体のフードロス削減にもつなげましょうね！

☞ **食料品は使い切れていますか?**
☞ **捨ててしまうこともある場合、どんな食料品を捨てることが多いですか?**

節約の工夫 ▶ #節約＆貯金ワザ #やっちゃいけない

ツライ節約はしない

私は、安いスーパーをハシゴするのが苦手です。手間と時間がかかるのに、それだけのお金を生み出していると思えないからです。ほかにも、同じ野菜の詰め放題といったイベントも、使い切れる気がしなくて行きません。料理下手だから大量にあっても困るからですけれどね。でも好きだ！っていう人ももちろんいるでしょう。自分にとって気分が上がる節約をしていきましょうね。

ほどほどの節約で済むように
生活を見直す

　私は節約という言葉があまり好きではありません。セツヤクという響きには、「やりたいことを我慢」「食費をめいっぱい削る」というネガティブな印象を抱いてしまうからです。そう感じたきっかけは、FPになる前に主婦向け雑誌で読んだ「食費１カ月２万円の〇〇家」といった節約術の特集。読んでいるうちに「私には２万円なんて無理。主婦失格だ」と落胆し、節約が嫌いに。でもFPとなった今では、「あの人はきっと、やりたいことにお金をかけられるように、楽しく食費を削る方法を試行錯誤して見つけたんだろう」と思うようになりました。ツラくなってしまう節約なんてせずに、**自分が楽しくできそうな方法だけ取り入れてみればいいのです。**

　節約の目的は「いくら減らせるか」ではなく、「やりたいことにいかにお金をかけられるか」です。目的を達成できれば、方法は何でもいいのです。

ツラくない節約のためにやること3つ

　今もやりたいことはあるし、未来にだってあるでしょう。そのために、ツラくない節約を成功させるべく次の3つのことをしてみましょう。

①「固定費」を減らす

　　→節約と感じなくて済みます

②浮いたお金の一部でやりたいことをする

　　→節約したからやりたいことができたという成功体験を繰り返すと、ムダ遣い削減のモチベーションが高まります。

③10年分に換算して何ができるか考えてみる

　　→節約効果が1回200円でも、毎日なら1年で7.3万円、10年では73万円に。家族で海外旅行できるかも！と思うとワクワクできますね。

　固定費を減らしても赤字の場合は、他の費目を見直しますが、自分が「減らすのは嫌だ」とツラく感じる費目は後回しにして。私の場合はお酒はあまり減らしたくないので、化粧品や洋服などにかけるお金を減らしました。そして、支出を減らすのに成功したら、ぜひ浮いたお金の一部で、やりたいこと、欲しいモノなどに使ってみてください。次第に節約がツライものという感覚がなくなっていきますよ。

☺Action!

　☞ こんな節約はしたくない！ があったら書き出しましょう

　☞ そもそも節約をすべき家計なのか、向き合いましょう

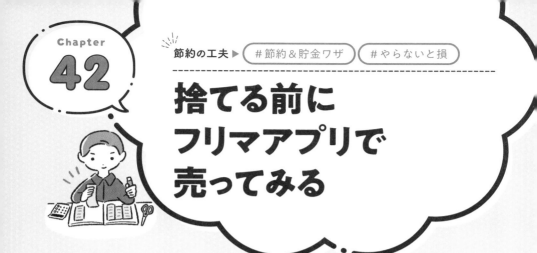

節約の工夫 ▶ ＃節約＆貯金ワザ ＃やらないと損

捨てる前に
フリマアプリで
売ってみる

プラスアルファ

＜フリマアプリで売る
メリット＞
・スマホひとつで簡
　単に販売できる
・原則どんなモノで
　も販売できる
・利用者が多く売れ
　やすい
・匿名でやり取り可能
・売れるとお金が入る
・売れるとうれしい
・愛着あるモノを誰
　かに使ってもらえる
・買うときにリセール
　バリューを考えるよ
　うになる

フリマアプリで売るメリット

　時代は「所有から共有へ」と変わり、中古品を売り買いしたり、地域によってはシェアサイクルを借りたりするのが当たり前になってきました。しかし、不要になった服や日用品などを、メルカリなどのフリマアプリで販売するのは、経験がないとなかなかハードルが高いもの。でもぜひ一度チャレンジしてみてください。メリットはたくさんありますよ。

　モノを売るには、フリマアプリ以外にも、ネットオークションやリサイクルショップへの持ち込みなども可能ですが、初心者にはフリマアプリがおすすめです。

　設定した期間内で一番高い金額で入札した人に販売するネットオークションは、想定以上に高値で売れる可能性もありますが、期間内に売れないこともあり得ます。一方、自分で販売価格を決められるフリマはとても気がラクですが、それ以上高くはなりません。また、リサイクルショップは業者が中間に入ることで、手元に入るお金は少ないことと、価値あるモノしか引

き取ってもらえない可能性があります。

　初心者の場合は、レアものなど想定以上に高値がつきそうなものではなく、本やコスメ、服などの中古品をフリマアプリで売ることから始めましょう。ちなみに私の中古品販売デビューは約20年前。ネットオークションに昭和50年代に流行ったゲームウォッチというポータブルゲームを出品したのでした。定価以上の値がつきびっくりしたのをよく覚えています。

手始めに子ども服や 絵本を売ってみる

　子ども服なら、同じサイズのものをまとめて売るといいでしょう。夏前に夏物を、寒くなる頃に厚手のものをまとめて売るなどすると、買うほうも重宝します。3月頃に売った入学式のスーツも高値がつきましたよ。また、子どもの絵本なども読まなくなったら売ってみましょう。アプリによってはバーコードをスキャンするだけで商品名や相場価格、商品説明が自動的に入力されて、手軽に始められます。思わぬモノが売れることもありますので、まずはフリマアプリにどんなものが出品されているか、見てみるのもいいですね。

さや子先生の一言

最近はもっぱらフリマアプリで、気楽にどんどん出品しています。自分で期限を決めて出品し、その時期までに売れなかったら処分しています。

☺Action!

☞ 使っていたモノを売ったことはありますか?
☞ ダメ元で「売れたらラッキー」という気持ちでチャレンジを

貯金の目標を設定する

楽しく貯めないと続かない

お金を貯めることって、なんだか節約とか我慢といったつらいイメージを持たれがち。でも本当は、ちょっと先の楽しい生活のために行うので、ワクワクできることのはずです。

もし今、我慢ばかりのツライ節約をして貯めているなら、一旦中止しましょう。ストレスが溜まって元気がなくなったり、ストレス発散のために逆に使ってしまったりしたら本末転倒です。楽しくないと続けるのって難しいんです。

ワクワクできれば、貯めるモチベーションも貯金スピードもアップします。ワクワクするためには、貯金の目標を決めるのが一番！ さあ、何のためにお金を貯めますか？

貯めたお金を何に使いたいか書き出す

まずは、**貯めたお金をどんなことに使いたいか、書**

き出してください。その際、使いたい時期の目安も書いておくといいですね。

こうして書き出してみると、何年後までにいくらくらいを貯めたいか明確になります。この時点では、時期や金額はだいたいでOK！ とにかく書き出してみることが大切です。

明確にしたら、次に具体的な貯金計画に落とし込みましょう。貯めたい金額のうち、今ある貯金や退職金などを考慮しながら、今から貯めるべき金額、そして、単純に貯金月数で割った必要な積立額を出します。

やりたいことと必要な積立額の例

目的は？	何年後？	必要額は？	貯める額は？	月々の積立額
海外旅行	2年後	30万円	30万円	1万2,500円
マイホームの頭金	5年後	800万円	200万円	3万3,400円
資格取得	3年後	30万円	30万円	8,400円
老後資金	30年後	1,500万円	500万円	1万3,900円

必要な積立額を出してみて、もし厳しすぎる場合は、目標金額を下げたり時期を遅くしたりして、現実的な数値になるように調整します。

このように目標を立てて貯金計画を立てることで、貯金へのモチベーションがアップし、ワクワク貯めることができますよ。

☺Action!

☞ **貯めたお金はどんなことに使いたいですか?**

☞ **使いたいことを書き出してみましょう**

プラスアルファ

目標設定っていうとなんだか堅苦しいしつまらない感じが否めませんが、「やりたいこと」「欲しいもの」「行きたいところ」「会いたい人」「食べたいもの」を考えるとしたら、ちょっと楽しくなってきませんか?

ささ先生の本音

お金は使ってなんぼです。貯めた先の楽しい出来事をイメージして、ワクワク過ごしたいですね!

今月から 先取り貯蓄を始めた！ ガッチリ貯めるぞ〜

取り崩しにくい 社内預金なら 貯まりやすい ですよ

どれどれ♪

けっこう 貯まってる♪

残高 ¥500000

かわいい〜

頑張って 貯めてるから、 これ買っちゃおう

あ〜

頑張ってるのに なぜか貯まらない…

穴の開いたおけに 水を貯めて いるような ものよ…

あら あら

2

着々と
増やす

預貯金だけでは十分な蓄えができない時代。
投資を始めるならまず、iDeCoとNISAから。
iDeCoとNISAの仕組みや口座を開く会社の選び方、
投資の基本を紹介していきます。
そのほか、保険やFXなど投機の考え方についても
お伝えしていきます。

金利の高い銀行に預ける

お金の置き場所を変えれば増やせる

メガバンクの普通預金の金利は1％をはるかに下回り、100万円を預けても1年後につく利子は10円という時代です。ここから税金が引かれますので、実際に口座に入金されるのはたったの8円です。物心ついた頃には低金利時代に突入していた現在30代以下の人の多くは、銀行に預けても、ほとんど増やせないと思っていることでしょう。

でもあきらめないでください。なぜなら**探せば、メガバンクと比べると100倍もの金利がつく商品もある**からです。給与の振り込み口座は会社から指定されている場合でも、貯蓄用の口座は自由に選べますよね。

要件を満たせば高金利となる銀行の商品をいくつか紹介します。ここでは取り上げませんが、地方銀行や信用組合などではもっと高金利の商品もちらほら見られます。地元の金融機関も含めて、金利情報をチェックしてみることが大事ですよ。

プラスアルファ

「高金利 ランキング」などとワードを入れて検索すると、高金利順にずらっと金融機関と商品名が並んだサイトがいくつも出てきます。これらを見ていると、毎月内容が更新されており、ランキングは随時変わっていることがわかります。

金利が高めの銀行例

● 普通預金金利が高めの銀行例

銀行名	金利（税引き前）	要件
GMOあおぞらネット銀行	0.11%	GMOクリック証券口座と連携
UI銀行	0.1%	口座があれば誰でも
東京スター銀行	0.1%	給与振込や年金受取の口座に指定
楽天銀行	0.1%	楽天証券口座と連携（上限300万円）

● 定期預金金利（1年もの）が高めの銀行例

銀行名	金利（税引き前）	要件
新生銀行	0.3%	口座開設後3カ月目までの預け入れ
UI銀行	0.2%	―

※2022年12月現在の情報

高金利キャンペーンは1年以上のものだけ選ぶ

　銀行のキャンペーンで気になる高金利の数字を見たら、チェックすべきなのがキャンペーンの適用期間。

　たとえば、キャンペーン金利が年3.0％とうたわれているものをよく見ると、**年3.0％の金利が適用される期間はたったの3カ月で、そのあとは自動的に年0.002％の金利に下がってしまうなどということがあります。**もちろん、最初の3カ月だけで0.75％もの利息を得られますので上手に活用できればお得ではありますが、利率が下がることを知らずに飛びつくことはしないでくださいね。

☞ **今利用している預金口座の金利を確認しましょう**

☞ **少しでも高金利の銀行を探してみましょう**

一番お得な商品を探すのではなく、
・ずっと続きそうかな？
・手軽に申し込めるかな？
という観点でよく調べて、自分が納得した商品を活用するようにしましょう。

こうしたキャンペーンは、退職金特別プランなどにも多いです。

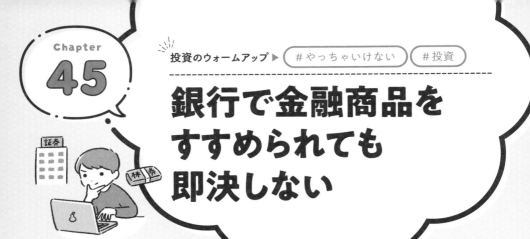

Chapter 45

投資のウォームアップ ▶ #やっちゃいけない #投資

銀行で金融商品を すすめられても 即決しない

銀行員のアプローチには要注意

　銀行というと、定期預金のように預けたお金に利子がつく、元本より減るリスクはない商品を取り扱うイメージがありませんか？　しかし、約20年前から、**銀行でも預けた金額より減るリスクがある投資信託や保険も買えるようになっています。**

　以前、父の遺産を少し相続し数週間経った頃に銀行から電話がかかってきたときのことをお話ししましょう。

　「このたびはご愁傷様でした。当行ではご相続人の方向けの相続資金特別プランがございます。」

　来た来た、これが噂の銀行セールストークだと思いながら、少し前のめりになって話を聞いてみたら、申し込む金額の半分で投資信託を購入すれば、残りの金額は定期預金になんと年率３％※で預けられるとのこと。そこで、その金利が適用される期間を聞いたら、たったの３カ月。しかも、プランの対象となる投資信託を銀行HPで調べたところ、購入時に販売手数料が

さやま先生の本音
※
定期預金は３カ月経過後0.002％（当時）に下がるし、高コストの投資信託を買わないといけないし、個人的に検討に値しないと思い、断りました。

かかるものばかりで、信託報酬という投資信託の運用
コストも、高水準のものばかりでした。

　相続や退職などで大きな資金が入金されるタイミン
グでは、こんなふうに銀行からアプローチされ、「あ
なただけの特別プラン」がすすめられることが多いで
すが、いい商品であることは少ないものです。即決は
しないことをおすすめします。

商品や対応をよく調べてから
購入する

　銀行ですすめられる金融商品には、投資信託のほか
にも、外貨建て保険や変額保険といった保険商品、そ
して仕組み預金、外貨預金という預金商品があります。
共通していえるのは、すべて高い水準の手数料がかか
ることと、商品性がわかりづらいものが多いことです。

　**もしつみたてNISAやiDeCoをすすめられた場合で
も、取り扱い商品や手数料などを調べてから。即決は
×ですよ。**

　商品の仕組みはそれぞれ異なるので、商品のデメ
リットや注意点、リスクを丁寧に話してくれるか、ま
た、運用の目的や今後のライフプランを聞いて、なぜ
その商品をおすすめするのかきちんと説明してくれる
かどうかをチェック。そうでない銀行では購入はもと
より、資産形成の相談などしないほうが無難です。

さや子先生の本音

銀行は、お金を預け
るだけでなく運用商
品も買えるため、ワン
ストップサービスを求
める人には便利です
が、証券会社や保険
ショップに比べると商
品の選択肢が少なく、
高コスト商品が多い
ことにご注意を。

☞ **銀行なら大丈夫と思っていませんか?**
☞ **商品は内容とリスクを理解して選びましょう**

投資のウォームアップ ▶ ＃節約＆貯金ワザ ＃投資

複利の効果を知る

金融商品には「単利」と「複利」のものがある

　学校で習っているはずの言葉「単利」と「複利」。正直、私はFPの勉強をするまで「この商品はどっち？」などと意識することなく過ごしてきました。多くの人がそうではないでしょうか。ここで、ぜひ意味をしっかり理解しておきましょう。

　単利とは「預けた金額（元本）に対してのみ利子がつく」もの。対して**複利とは「預けた金額（元本）についた利子を加えて、その金額にまた利子がつく」**もの。

　右ページの図を見ると、複利にはついた利子が組み込まれて元本自体が増えるため、年々つく利子も大きくなっていますね。**単利より複利のほうが、資産形成スピードが速く、時間が経つほど差が開きます。**

　単利の商品にもメリットはあります。それは定期的に同じ金額の収入を得られること。着実に資産形成をしている実感は、複利より得やすいでしょう。

　代表的な単利商品は債券です。また、定期預金にも

さや子先生の本音

単利の金融商品の場合、受け取ったお金がいつの間にか生活費に消えないようにご注意を。

単利と複利のイメージ

凡例: 元本　利息

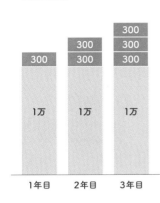

単利
元本は最初に投資した
1万円のまま

	1年目	2年目	3年目
利息	300	300 / 300	300 / 300 / 300
元本	1万	1万	1万

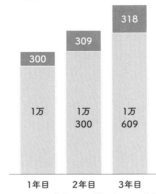

複利
元本は、前年度増えた利子分
増えていく

	1年目	2年目	3年目
利息	300	309	318
元本	1万	1万 300	1万 609

単位：円（年利3％の例）

単利のものと複利のものがあります。複利のタイプには「元利自動継続型」と書いてあるものもあります。**投資信託は基本的には複利ですが、分配金を定期的にもらう投資信託は、単利のイメージに近くなります。**

複利の効果を最大限に活かそう

　複利の効果は、時間をかけることで大きく得ることができます。つまり、積立期間が長いほど、より多くの利益が期待できるのです。

　たとえば60歳までに1,000万円を貯めようとした例で考えてみましょう。複利の商品で積み立てた場合、45歳で始めた場合は15年間、毎月約4万4,000円の積み立てが必要ですが、30歳で始めれば30年かけて半額以下の1万7,200円の積み立てで達成できる可能性があるのです。運用のイメージは次のページをご覧

ください。

　投資商品の場合は、複利効果を活かすためにも、資産形成は早く始めるのが鍵ですね。

資産形成の開始年齢による比較

60歳までに1,000万円を作りたいとき
毎月の積立額はいくらになるでしょう?

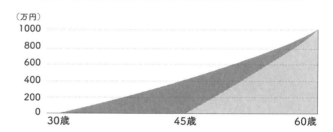

45歳で始めた場合(15年間)

毎月の必要積立額 ➡ **44,000**円

半額以下に!

30歳で始めた場合(30年間)

毎月の必要積立額 ➡ **17,200**円

（万円）
1000
800
600
400
200
0
　　30歳　　　　　　　45歳　　　　　　　60歳

実際にはこんなふうに順調に増え続けるわけではありません。
増えたり減ったりしながら、積み上がっていくイメージです

※年利回り3％として試算。
　手数料、税金等考慮せず。あくまで試算であり実際とは異なる場合があります。
　また、将来の運用成果を予測し保証するものではありません。

☺**Action!**

☞ **使っている金融商品が単利が複利か、確認しましょう**
☞ **複利効果を活かすために、長期の積み立て計画を立てましょう**

NISA ▶ # iDeCo・NISA # 投資

つみたて NISA を 始める

20年間非課税で運用できる お得な制度

　資産形成をするならば、ぜひ活用したいのがNISAです。株式や投資信託などの運用で得られた利益が非課税となる、2014年にスタートした国の制度です。

　制度ですから、窓口で「NISAを買いたいのですが」というわけにはいきません。証券会社などで一般NISAもしくはつみたてNISAの口座を開き、その口座で、株式や投資信託を買って運用します。

＜ NISA 制度の特徴＞

・運用で得られた利益に一定期間税金がかからない
・新たに投資する金額に年間上限額がある
・損失が出ても損益通算はできない
・成年が利用できる一般NISA・つみたてNISAと、未成年が利用できるジュニアNISAの3種類がある（制度スタート時期は異なる。なお、ジュニアNISAは2024年以降新規購入できない）。

用語
解説

□損益通算
同じ年の中の、損失と利益を相殺すること。

NISA制度のうち、成年が利用できるものは2つあり、このうち**長い時間をかけてじっくり資産形成したい人におすすめなのが、2018年にスタートした「つみたてNISA」**。投資初心者の人も、気軽にチャレンジできる制度です。

一般NISAとつみたてNISAの比較

	一般NISA	つみたてNISA
運用できる商品	上場株式・ETF・公募株式投資信託・REITなど	長期・分散・積立に適した一定の投資信託
非課税となる上限金額	年間120万円	年間40万円
非課税となる期間	最大5年間	最大20年間
投資の方法	一括投資・積立投資	積立投資のみ
口座開設可能期間	2023年まで	2042年まで

※2024年から、NISA制度は大きく変わる予定(詳しくはP.111参照)
※現行では　NISAとつみたてNISAは年単位で選択可能

投資信託は運用して値上がりしてから売却すると、利益が得られます。また、保有期間には分配金と呼ばれるものが利益として受け取れる場合もあり、これらの利益には、約20%の税金がかかります。利益が1万円あったら、税金が約2,000円かかり、手元に入るのは8,000円です。ですから**投資をするのであれば、まず、税金が一定期間かからない制度から活用するのが一番なのです。**

大きな失敗がない運用商品に
限定されている

　投資初心者が、なかなか投資にチャレンジできない理由のひとつは、多くの運用商品のうち、一体何を買えばいいのかわからないことでしょう。**つみたてNISAで買える商品は、1商品で簡単に分散投資ができる「投資信託」に限られているため、誰にとっても始めやすいのです**（参考記事→**58**）。

　6,000本弱存在する投資信託の中でも、「手数料が低水準」「ひんぱんに分配金が支払われず複利効果を発揮する」ものだけがつみたてNISAの対象商品になっているので、どの商品を選んでも、比較的効率的に増やしていけるといえるのです。

　ただし、**つみたてNISAは金融機関によって取り扱う商品数に差があります**。180本以上取り扱うところもありますが、ほとんどのところが20本以内で、なかには1本のみというところもあります。どこで始めるか検討するときは、まず、買いたいと思っているタイプの投資信託の取り扱いがあるかどうかをチェックしましょう。

プラスアルファ

「投資信託の主要統計」によると公募投資信託の本数は5,976本（2022年9月）で、そのうちつみたてNISAの対象になるものは209本（2022年10月31日時点／ETF除く）。

☞ **つみたてNISAに興味を持ちましたか?**
☞ **普段使いの銀行で取り扱う、つみたてNISAのラインナップを調べてみましょう**

Chapter 48

株を買いたいなら一般NISAを使う

買える商品が限定されていないのが一般NISA

47 で、つみたてNISAは「買える商品が限定されているため投資初心者におすすめ」としましたが、特定の会社に投資したいと思っても、その会社の株を買うことはできません。**株を買いたいときは、「つみたてNISA」ではなく「一般NISA」を使います。** 一般NISAでは、株、投資信託どちらも、上場されているもの、金融機関で取り扱いがあるものなら自由に買うことができます。

なお、銀行ではNISA口座を開いても、投資信託しか買えないことには注意してください。**株を買いたいなら、証券会社に口座を開く必要があります。**

NISAは2024年に変わる予定

NISAは、2024年から内容が変わる予定です。「つみたてNISA」と「一般NISA」が併用できるようになり、口座の開設ができる期間も恒久化、非課税期間も

無期限となります。

　１年間の投資上限額も変わります。つみたてNISA は「つみたて投資枠」として40万円→120万円に、一般NISAは「成長投資枠」と名前を変え、120万円 →240万円に大幅に引き上げられます。ただし、一生涯にわたる非課税限度額が設定され1,800万円（うち成長投資枠は1,200万円まで）までとなる予定です。

非課税期間を過ぎたあとどうするか

　一般NISAで株を買い、非課税期間5年を過ぎても 売らずに持っておきたい場合、現行では、そのときの 非課税枠に移す「ロールオーバー」という手続きをす るか、課税口座に移して持ち続けるという2つの選択 肢があります。

　どちらの場合でも、**移したときの価格が新たな取得 価格とみなされることに要注意**。もし100万円で買っ た株が5年後60万円に値下がりし、課税口座に移す と、60万円で買ったことに。その後、買い値である 100万円になると、40万円の利益に20％の税金がか かってしまうのです。値下がり時は売却かロールオー バーが無難です。

新しいNISA制度については、2023度税制改正大綱に盛り込まれた内容のため、国会審議の上、本決まりとなります。詳細の発表はされていないため、今後もニュースに注目していきましょう。

最初に買った価格に戻っただけで税金がかかるなんて困りますね。

☞ **一般NISAとつみたてNISAの違いは理解 できましたか？**

☞ **NISAは今後変わっていく予定なので、早 く始めて経験を積んでおくのがおすすめ**

NISA ▶ #やっちゃいけない #投資

話題の テーマ型投資信託に 飛びつかない

テーマに関連する複数の企業に 投資する投資信託

　「テーマ型投資信託」とは、トレンドとなっているようなテーマに関連する複数の企業に投資するもの。テーマは数多くありますが、たとえば「旅行」「ヘルスケア」「サイバーセキュリティ」といったものがあります。テーマ型かどうかは、投資信託のファンド名を見ればわかることが多く、たとえば旅行の場合は「〇〇ツーリズム株式ファンド」、ヘルスケアなら「△△医療関連株式ファンド」といった感じです。

テーマ型投資信託に 飛びつかないほうがいい理由

　聞いたことがある言葉がファンド名に入っていると、つい「買ってみようかな」と飛びつきがちですが、**よくわからないまま、利益を得られるかもしれないと手を出すのはおすすめできません。**その理由は、「狭い業界に集中投資することになり業界全体の値動きに影

**用語
解説**

□ファンド
多数の投資家から集められた資金を1つにまとめて運用して収益を還元する仕組みのこと。投資信託の商品のことを「ファンド」と称することも多いです。

響を受ける」ことと、「話題になっている場合、時す
でに遅しであることが多い」からです。

　もちろん、**テーマ型投資信託の販売後、短期的には
大きく増やせる可能性もあります**。ただし、日頃その
業界に興味がない人の耳に入る頃には、すでに人々の
関心も高まり株価もだいぶ上がっているはず。**初期に
買った人たちが売って利益確定して、下がる可能性も
あり得ます。**

　行動経済学に詳しい経済コラムニストの大江英樹氏
によると、

「（人は、）身近なものやわかりやすいものは、起きる確
率が高くなると勘違いしやすい。最近話題になってい
るものは上がる確率が高そうに思える。」（大江英樹
「あなたが投資で儲からない理由」日経BP／2021年
7月より要約）

　とあります。要するに人というのは、心理的な影響
を受けやすく、わかりやすい言葉が入っている運用商
品に対して、根拠がなくても、なんだか上がりそうと
ポジティブにとらえがちだということ。**その業界を応
援していて動向に詳しいとか、過去実績を見て自分で
期待できると判断できたのでないならば、手を出さな
いのが一番です。**

☞ **身近な金融機関にはどんなテーマ型投資
信託がありますか?**
☞ **どうしても買いたかったら、損失が出ても
受け入れられる余剰資金でチャレンジを**

株主優待狙いで株を買うときに注意すること

さや子先生の本音

魅力的な優待があって業績もいい企業は、株を売らない人が多く、長期保有にも向いています。私自身は、どうしても手に入れたい優待品も特にないため、配当が高めで、中長期で成長しそうな企業を応援しています。

用語解説

□権利確定日

権利確定日とは、株主としての権利（株主優待や配当等）が得られる日のことです。権利付き最終日の翌営業日は「権利落ち日」といいます。

企業が株主にプレゼントする制度

投資をしたことがない人でも、株を買うと優待品がもらえることがあると知っているのではないでしょうか。日本では多くの企業が、株主に自社の商品などをプレゼントする「株主優待」制度を取り入れており、株主優待狙いで株を買う人も多くいます。

株主優待を受けるには、権利確定日の2営業日前の「権利付き最終日」までに株を購入する必要があります（右ページ図）。優待の人気がある株は、権利付き最終日が近づくと多くの人が買うため、株価が上がる傾向があります。そして、権利付き最終日の翌日以降は、「権利を得たから手放そう」と売る人が増え、株価は下がる傾向に。優待狙いで買ったとたんに株価が下がって驚く人もいるようです。

株主優待狙いで初めて買うなら注意したい3つのこと

優待狙いで買ってみたい！と思うならば、次のこと

権利付き最終日と権利確定日

日	月	火	水	木	金	土
19	20	この日までに株を買えばOK	22	23	24	25
26	27	28	29 権利付き最終日	30	31 権利確定日	

2営業日前

に注意が必要です。

①優待で得られる利益より損をすることもある

決算資料などで、業績や財務状況をチェックしたり、株価が割安かどうか調べましょう。優待で利益を得られても、それ以上に大きく株価が下がって損をすることもあり得ます。

②いつの間にか優待廃止されることもある

企業活動で得た利益を株主に配当で還元することを重視し、優待を廃止する企業も増えてきています。

③優待品の有効期限をチェックする

優待品には有効期限があるため、必ず期限内に使いましょう。

株主優待を金額に換算し、投資金額に対してどのくらいになるかを示した数値が「優待利回り」です。優待狙いで株を買うときは、優待利回りと配当利回りの両方に目を向けましょう。

さや子先生の一言

優待品だけをチェックするのではなく、今後も成長が期待できて、応援したいと思える企業の株を選びたいものですね！

 ☺Action!

☞ 株主優待をもらってみたいですか?
☞ 狙っている企業の権利付き最終日をチェックしてみましょう

NISA ▶ #やっちゃいけない #投資

値下がりしても
あわてて売らない

投資をするなら、
「値下がり」も想定する

　株式など値動きがあるものに投資をする場合、いろいろな理由で、大きく値が下がることがあります。記憶に新しいのはコロナショックです。2020年1月17日時点で2万4,115円の高値をつけた日経平均株価は、新型コロナウイルスが蔓延し2020年3月11日にWHOがパンデミック宣言を表明した直後の3月19日に1万6,358円という安値を記録。わずか2カ月で3割も下がったのでした。このとき、あわてて株式などを売った人も多いのではないでしょうか。

　しかし、約8カ月後の11月11日、日経平均株価は2万5,349円と1月時点よりも高くなりました。株式によってはそこまで戻らなかったものもありますが、あわてて売らなかった人は損をせずに済みました。

　投資するなら、大きく下がる日が来る可能性を想定しておきましょう。そして、急落してもあわてて売らずに、下がった背景を落ち着いて考えることが大切で

プラスアルファ

もちろんこれはあくまで終わってみればという例。2008年のリーマンショックのときは戻るのに長期間かかりました。こうした〇〇ショックは、10年に一度くらい起きています。

積立投資のイメージ

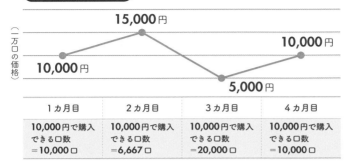

	1ヵ月目	2ヵ月目	3ヵ月目	4ヵ月目
	10,000円で購入できる口数 ＝10,000口	10,000円で購入できる口数 ＝6,667口	10,000円で購入できる口数 ＝20,000口	10,000円で購入できる口数 ＝10,000口

す。一時的と思うのならば、ぐっと耐え忍んで持ち続ける選択もアリですね。

積立投資は値下がり時がチャンス

つみたてNISAやiDeCoなどで、定期的に定額で積立投資をしているならば、**相場が急落しても積み立てをやめないようにしましょう。** なぜなら**同じ金額で積み立てている場合、価格が低くなるほど買える量が増えるから。** 実は積立投資が一番有利なシーンは、大きく値下がりしているときです。低いときにたくさん買い付けられるので、その後少しでも価格が戻ると、大きく値を戻すことが期待できるのです。続けていれば、元の価格に戻る頃には元本より増えていることもあり得ます。

もし、積立投資をしているなら、「**下がったときの売却はNG**」と頭の片隅に入れておきましょう（参考記事→**62**）。

☺**Action!**

☞ **価格が下がってあわてたことはありますか?**
☞ **一旦立ち止まって冷静になることが大切**

株価が下がったときに株式を持ち続けることを推奨するものではありません。立ち止まって考えることが大切です。

人は誰でも損することは嫌いです。「損するのは嫌」と考え、持ち続けるうちにさらに大きく下がり、泣く泣く手放して、なぜかその後すぐに相場が戻ったりするものなのです。そうした失敗をすることに抵抗があるならば、一括投資はおすすめしません。

老後に備えるために iDeCoを始める

プラスアルファ

60歳以上でiDeCoに
入れる人は、
・国民年金任意加入
者・会社員・公務員
（厚生年金加入者）
です。

iDeCoは働く人向けの お得な資産形成制度

　iDeCoとは、2001年に始まった国の制度「個人型確定拠出年金」の愛称です。国民年金や厚生年金の被保険者である20歳以上65歳未満の人が加入でき、毎月5,000円以上の掛金で、自分で運用商品を選び、積立購入できます。**60歳までは原則引き出せません。**積み立てるのをやめることはできますが引き出すことはできず、60歳までは積み立てたお金を運用していくことになります（手数料もかかります）。強制的に老後資金を作れるところが大きな特徴です。

　では、具体的に見ていきましょう。お得な点は3つあります。

①運用で得られる利益に税金がかからない

②毎月の掛金が全額所得控除の対象となり所得税・住民税が安くなる

③60歳以降に受け取るときは、公的年金や退職金と同等の税制優遇を受けられる

①の非課税というメリットは、つみたてNISAでも最大20年間得られますが、②のメリットはつみたてNISAにはありません。働いて所得税・住民税を納めている人なら、iDeCoで積み立てている間、税金を減らすことができ、その結果手取りを増やせるのです。たとえば、年収400万円、30歳、毎月の掛金1万円（年間12万円）とした場合、年間で1万8,000円も税金を減らせます（「iDeCoナビ」税控除シミュレーションにて試算※）。

iDeCo が向いていない人

このようにメリットが多いiDeCoですが、向いていない人もいます。

たとえば、専業主婦（夫）や学生など、所得税・住民税を納めていない人です。iDeCoで運用するには、毎月、金融機関に払う口座管理料がかかります。**所得税・住民税を納めていない人は節税効果がないため**、口座管理料を上回る利益を上げないと損してしまうのです。

また、60歳より前に積み立てたお金を使いたい人も向いていません。なぜなら引き出せないからです。住宅ローンの繰り上げ返済や子どもの教育資金、その他60歳より前に使う予定のあるお金をiDeCoに回してはいけません。

定期預金や保険など元本確保型のものしか選びたくない人も、iDeCoには向いていないといえます。預貯金ではほとんど利益がないため、前述の①の非課税メリットを受けられない上に、毎月払う口座管理料が利益を上回ってしまいます。②の節税効果さえ受けられればいいという考えの人のみ検討の余地アリでしょう。

プラスアルファ

※所得税率5％・住民税率10％として試算。実際の金額とは異なることもあります。iDeCoに関する情報が網羅されているWEBサイト。「iDeCoナビ」

iDeCoの掛金は、年1回以上任意に決めた月にまとめて拠出（年単位拠出）することもできます。ただし、企業型DCの加入者は不可。

＜掛金の上限額は人によって異なる＞

掛金は5,000円から1,000円単位で設定できますが、人によって毎月の上限額が異なります。また、年に1回、掛金額を変更することができます。

■会社員
・企業年金が何もない人： 2万3,000円
・企業年金に加入している人：参考記事→**55**

■自営業者： 6万8,000円

■公務員： 1万2,000円

■専業主婦（夫）： 2万3,000円

☞ **iDeCoを始めるメリットがあるか考えましょう**

☞ **始めた場合の節税額をシミュレーションしてみましょう**

iDeCo ▶ 　# iDeCo・NISA 　　# 投資

iDeCoでは投資信託を組み合わせる

定期預金や保険も選べる

iDeCoでは、必ずしも投資をしなければいけないわけではありません。組み合わせることができる商品のラインナップには、**金融機関によっては、投資信託のほかに、元本確保型と呼ばれる定期預金と保険もあります。**

定期預金は、いわゆる銀行の定期預金と同じですので、途中で解約した場合、受け取る利息が少なくなるだけで元本割れはありません。

一方、保険を途中解約すると「解約控除」というペナルティがかかり、解約する時期によってはマイナスになることもあります。しかも生命保険商品であっても死亡保障などはほとんどなく、あくまでも貯蓄用の商品です。定期預金より保険のほうが金利は高めの傾向ですが、現在はほとんど違いはありません。もしも**iDeCoで元本確保型の商品を選ぶならば、保険より定期預金のほうがベター**といえます。

プラスアルファ

iDeCoで積み立てをしている間に万が一死亡した場合は、それまで積み立てたお金が「死亡一時金」として遺族に支払われます。

iDeCoの定期預金もペイオフの対象となり、その定期預金を提供する銀行が破たんした場合は、iDeCoと一般の預金を合計して元本1,000万円と利息まで保護されます。1,000万円を上回った場合は、一般の預金を優先して保護するため、注意が必要です。

　定期預金も保険も、現在は金利がとても低い水準なので、増えることは期待できませんが、掛金の所得控除の恩恵は受けられますので、全く投資をしたくない人に向いています。

　たとえば企業型DC（確定拠出年金）に入っていた人が転職するなどして、売却した資産をiDeCoに持ち運んだ際、その資産を減らしたくない場合には運用先に元本確保型を組み込むのも一手です。iDeCoでは、これまで購入・運用してきた資産について、これから積み立てる掛金の運用先とは別に運用先を指定することも可能です。

投資信託を組み合わせるのが◎

　運用する商品は、iDeCoを始めた金融機関（運営管理機関といいます）が取り扱っている中から自由に選べます。1つでもいいし、複数を組み合わせることもできます。組み合わせる場合は、掛金のうちどのくらいずつ組み合わせるか、割合で指定します。

　運用商品は、資産が増えたり減ったりするリスクに自分がどの程度耐えられるかを考え、定期預金など元本確保型の割合を決めます。どうしてもリスクを受け入れられない場合は元本確保型を100％に、少し受け入れられるなら割合を減らしていき、0％にすることもできます。

　せっかくiDeCoを始めるなら投資信託も組み入れるといいでしょう。非課税になるのは運用で得られる利益部分。元本確保型ではほとんどそのメリットは享受できませんしね。

　また、iDeCoを始める前の資産を含めた自分のおサ

運用する商品と割合を指定する例

定期預金：**100**%

定期預金

定期預金：**50**%

投資信託：**50**%

定期預金

投資信託

定期預金：**25**%

投資信託Ａ：**50**%

投資信託Ｂ：**25**%

定期預金

投資信託Ａ

投資信託Ｂ

イフ全体で運用商品を考えることが大切です。他の資産が預貯金ばかりならば、iDeCoでは投資信託100%にしてもいいですね。

☺Action!

☞ どのくらいのリスクを受け入れられますか?
☞ 資産全体でどんな運用をしていきたいですか?

iDeCoは
低コストでできる
会社を選ぶ

さわ子先生の本音

口座管理料は、なんらかの事情でiDeCoの積立を中断してもかかり続けます。ただし、積み立てている場合に比べると金額が下がるのが一般的。たとえばある金融機関では、積み立てをしている間は月171円。しない場合は月66円となります。積み立てていない間も毎月66円ずつ目減りしていくため、中断するのはできるだけ避けたいところです。

iDeCoには毎月、口座管理料が必ずかかる

　iDeCoで資産形成するには、**毎月、口座管理料というコストがかかります。この口座管理料はiDeCoに加入する金融機関によって違うため注意が必要です。**一番低いところは、月々171円。高いところでは589円かかるところもあります。これだけで年5,000円以上も違うため、申し込む前に必ずチェックしましょう。

　金融機関によっては「手数料0円」とうたっているところもありますが、この場合でも毎月の口座管理料は171円となるため勘違いしないようにしてください。よく見ると小さな字で「国民年金基金連合会、信託銀行に対する一定の手数料がかかります。○○（運営管理機関）に対する手数料は無料」など書かれています。口座管理料はこれら3つの機関に対してかかるため、加入を受け付ける金融機関が手数料タダでも、他の2つで合計171円かかるというわけです。

口座管理料は、WEBサイト「iDeCoナビ」にて、低い順に並べ替えて金融機関を探せますので、ぜひ活用を。

投資信託を買うなら
商品ラインナップをチェック

iDeCoで投資信託を組み入れる予定なら、必ず商品ラインナップもチェックしましょう。

投資信託には運用中ずっとかかる信託報酬（参考記事→**59**）というコストがあります。**同じような成果が得られる投資信託でも商品によってこの信託報酬が異なるので、できるだけ低い商品を買うのが◎。**1カ月いくらと決まっている口座管理料と違い、信託報酬は資産に対して年○％と割合が決まっていますので、積立年数が長くなり資産が大きくなるほど、かかる信託報酬も高くなるのです。

そのため、**いくら口座管理料が低い金融機関でも、信託報酬が高い商品しか取り扱いがないところは避けたいものです。**「iDeCoナビ」では、信託報酬（運用管理費用と表記されています）でiDeCoの投資信託を比較できますので、ぜひ活用しましょう。

※口座管理料は2022年11月1日現在。WEBサイト「iDeCoナビ」を参照。

用語解説

□信託報酬

購入した投資信託を管理、運用するための手数料。投資信託にかかる手数料には、購入時手数料、信託報酬、信託財産留保額があります。

☞ **口座管理料を比較してみましょう**
☞ **信託報酬を比較してみて、違いを確認しましょう**

iDeCo ▶ # iDeCo・NISA # 税金を減らす

企業型DCの加入者もiDeCoかマッチング拠出をする

プラスアルファ

確定拠出年金には、個人型(iDeCo)と企業型の2つがあります。iDeCoでは自分で掛金を出すのに対して、企業型は会社が掛金を出します。従業員が掛金を上乗せできるマッチング拠出ができる会社もあります。

企業型DCとiDeCoの同時加入

2022年10月から、企業型確定拠出年金(DC)に加入していても、会社の規約にかかわらず、**iDeCoに同時加入ができるようになりました**。家計に余裕があれば、iDeCoでも積み立てをして老後資金の対策充実をはかれますし、掛金全額について所得控除を受け税金を減らすこともできます。

また、会社が積み立てる金額に自分で掛金を上乗せして運用できるマッチング拠出制度がある場合も、**マッチング拠出かiDeCoか、どちらかを選べるようになりました**。

人によって掛金上限額が異なる

企業型DCに加入している人がiDeCoにも同時加入する場合、iDeCoの掛金の上限額は月2万円か、5.5万円から企業型DCの会社掛金を控除した金額の少ないほうとなります。企業型DCと確定給付型企業年金(DB)がある会社、DBのみの会社(公務員含む)の場合

会社員・公務員の iDeCo の掛金上限額

企業型DC・DBの有無	2022年10月以降	2024年12月以降
なし	月額2.3万円	
企業型DCのみ	月額5.5万円 − 企業型DCの会社掛金 （上限：月額2万円）	
DBのみ （公務員含む）	月額1.2万円	月額5.5万円 − DB等掛金相当額 （上限：月額2万円）
企業型DC・DB あり	月額2.75万円 − 企業型DCの会社掛金 （上限：月額1.2万円）	月額5.5万円 − 企業型DCの会社掛金・DB等掛 金相当額（上限：月額2万円）

は金額が異なります。DBがある会社の場合は、2024年12月以降上限額が変わることにも注意が必要です。

　マッチング拠出でもiDeCoでも所得控除を受けられますが、多くの金額を掛けたほうがメリットもより多く受けられます。**会社の企業型DC掛金が2万円までならiDeCoのほうが、会社の掛金が2万円を超えるとマッチング拠出のほうが多くの金額を掛けられますよ**（DBのない会社の場合）。

　マッチング拠出とiDeCoを選ぶポイントは、掛金上限額以外にも2つあります。1つは口座管理料。マッチング拠出であれば会社が負担、iDeCoでは自分が負担します。もう1つは運用商品。マッチング拠出の場合は会社の提示しているものから選ぶのに対し、iDeCoでは自分で選んだ金融機関のプランから選べます。

 ☞ **iDeCoに加入できるか、確認しましょう**
☞ **掛金上限額はいくらか計算してみましょう**

DBのみがある会社の場合は、今も月1.2万円までiDeCoに入れますが、2024年12月より上限額が変わり、掛金上限額が上がる人がいる一方で、DB等掛金相当額が月5.5万円超と充実している会社の場合はiDeCoでの積み立てを続けられなくなることに注意が必要です。

マッチング拠出は、1つの口座で管理できてシンプルなことがメリット。会社の提示している運用商品のコストが高い場合などは、iDeCoで自分で選ぶほうがいいことも。トータルで考えましょう。

iDeCoとマッチング拠出は、一度選んだあとでも、途中で変更ができます。

企業型DC加入者は転職、退職時に手続きをする

DC資産は持ち運べるけれど手続きが必要

　企業型確定拠出年金（DC）に加入していた人が転職、退職した場合、退職の翌月から6カ月以内に運用資産を新たな受け皿に移す手続きを行う必要があります。移換先は、状況に応じて次の4つのどれかを選べます。

①転職先に企業型DCがある場合→企業型DC
②自営業、専業主婦（夫）になる場合または、転職先に企業型DCや確定給付型企業年金（DB）等がない場合→iDeCo
③転職先にDBがある場合→転職先のDB
④通算企業年金

　会社のDC資産もiDeCoと同じく60歳までは原則引き出せないため、退職したらどこかに移さないといけません。移す先で同じ商品の運用を続けたい場合でも、一旦売却してから移換することになります。

プラスアルファ

通算企業年金とは、会社がDBをやめた場合などに資産を移せる企業年金連合会の受け皿。ただし新たに掛金を積み立てることはできません。

手続きしないとムダなコストが発生する

　期限内に移す手続きをしないと、資産は自動的に売却され、国民年金基金連合会が預かることになります（自動移換）。

　覚えておいてほしいのは、このときかかる手数料のことです。

　まず、**移換のための手数料**が4,348円かかります。そして、その後もずっと、**管理手数料**として自動移換の4カ月後から毎月52円、1年にすると624円が資産から引かれ続けます。さらに、いざ**受け取るときにはまた手数料を払って資産を移さないと手続きできません**。

　この間、運用もできませんし、かけなくてよいムダなコストが発生するのです。企業型DCに加入している人は、もし転職、退職することがあったら手続きを忘れないようにしましょう。

　ちなみに自動移換されている資産総額は、なんと2,300億円[※]を超えているとのこと。もしも心当たりがある人は、すぐに手続きをしましょう。自動移換者専用コールセンターに連絡してみてくださいね。

※2020年度国民年金基金連合会業務報告書より

用語解説

□自動移換者専用コールセンター
国民年金基金連合会が設置している。
☎ 03-5958-3736
（平日9:00〜17:30）

☞ **企業型DCに加入していますか？**
☞ **自動移換に心当たりはないですか？**

iDeCo ▶ (# iDeCo・NISA) (# 税金を減らす)

iDeCoの税金還付の手続きを必ずする

税金を減らすには原則手続きが必要

iDeCoは、掛金全額が「小規模企業共済等掛金控除」という所得控除の対象となり、所得税と住民税を減らせます。毎月の給与からすでに所得税を天引きされている会社員や公務員の場合は、年末調整の際に、生命保険料控除などと一緒に、小規模企業共済等掛金控除の手続きも忘れないようにしましょう。

ただし、iDeCoの掛金を給与天引き（事業主払込）にしていたり、企業型DCのマッチング拠出を選択している場合は、会社が手続きするため加入者自身の手続きは不要です。

また、確定申告が必要な会社員・公務員や自営業の場合は、確定申告の際に手続きをします。

手続きには、毎年10月頃に国民年金基金連合会から自宅に届く「小規模企業共済等掛金払込証明書」を使います。 この払込証明書は、9月末時点での登録住所宛に郵送されます。転居したのにiDeCoの登録情

プラスアルファ

年末調整での手続きを忘れた場合も、確定申告で手続きできます。

さわ子先生の本音

払込証明書は、あまり目立たないハガキで紛失しがちですが、所得控除を受けるための大事な通知です。この時期はポストの郵便物を注意深くチェックしましょう。

報の住所変更手続きが済んでいないと、払込証明書が届かない可能性があります。iDeCoに入っていて住所変更があった際は、すみやかに変更手続きをしておくと安心です。また、iDeCoを始めたばかりだと、年末調整までに払込証明書が届かないこともあります。たとえば12月に初回掛金が引き落とされる場合は、証明書は1月下旬に発送されたりします。その場合は、確定申告をして手続きします。

減らせた税金を意識して使おう

iDeCoを含め、各種所得控除や税額控除の利用で、年末調整や確定申告によって所得税や住民税を減らせた場合でも、意外と「減らせた税金」を意識している人は少ないもの。年末調整であれば、12月か1月の給与に還付分が上乗せされますが、なんとなく使ってしまいがち。確定申告でも、納税額が減るため手元に残りますが、これも意識しないと使ってしまいます。

いくら減らせるか自分で金額を計算し、その分は貯蓄用の口座に移してしまうなど、使ってしまわないようにするのがおすすめです。せっかく受けられるメリットが、ただのムダ遣いにつながらないようにしたいものですね。

住所変更の他にも、結婚したり転職や退職したときにも、加入している金融機関(運営管理機関)に届け出が必要です。

☞ **iDeCoではステータスの変更手続きが必須です**
☞ **減らせた税金分を意識して貯めましょう**

投資信託 ▶ #投資 #iDeCo・NISA

投資信託の仕組みと選び方を知る

投資信託は100円から分散投資できる商品

投資信託は投資商品のひとつですが、株式投資と比べてなんだかわかりづらい…という声をよく聞きます。でも投資初心者には、株式投資よりも始めやすい商品だと個人的に思っています。非課税制度のつみたてNISAやiDeCoをするなら、投資信託は必須知識でしょう。まずは仕組みから理解しましょう。

株式投資では、応援したい企業の株式を選んで買いますが、**投資信託は「投資する人が出し合ったお金をまとめて、運用のプロが複数の投資先に分けて運用する商品」なので、ある企業の株式だけを買うものではありません。**1つの投資信託で、複数の企業などに分散投資できるのが投資信託の特徴です。

もちろん、元本保証はないことを理解しておく必要はあります。でも1つの商品で分散投資できるため、

用語解説

□ 元本保証
運用しても元本よりも減ることがないもの。

企業の株式を個別に買うより、値下がりや破たんの影響は小さくなります。まとまったお金がないと始めづらい株式投資と違い、証券会社によっては100円からスタートできるのもいいところです。

投資信託の運営には
3つの会社が関わっている

投資信託の運営には次の3つの会社がかかわっています。

①運用会社（メーカー）

投資信託を作り、集めた資金を運用、受託銀行に運用指示を出す

②販売会社（小売店）

投資信託を売る。証券会社や銀行など

③受託銀行（管理場所）

運用会社から受けた運用指示に応じて、集めた資金で投資、保管する。信託銀行など

私たちは、販売会社となる証券会社や銀行などで投資信託を取引しますので、①と③は原則直接のやり取りはありませんが、とても大切な役割があります。たとえば③の受託銀行は「分別管理」といって、自身の資産とは分けて管理する役割を担っています。そのため、これら3つの会社が破たんしても、投資信託の資産に影響はありません。

また、同じ投資信託でも、複数の銀行や証券会社などの販売会社で取り扱われています。メーカーが作ったものを仕入れて小売店で売られているとイメージすると、理解しやすいですね。

投資信託の選び方

投資信託の種類はとても多く約6,000本にものぼります。販売会社ごとに取り扱い本数は異なりますが、最も多いところでは約2,700本もの商品があります。その分、いいものも悪いものも玉石混交です。初めて買うならば、大きな失敗がない運用商品に限定されている、つみたてNISAの商品からチャレンジするといいでしょう。

1つの販売会社でも似た内容の商品も多いため、次の3つの視点で考えると選びやすくなります。

・インデックス型なのかアクティブ型なのか
・国内なのか海外なのか
・株式に投資するのか債券に投資するのか

この視点で選び、信託報酬の低いほうに投資するといいでしょう（参考記事→**59**）。

投資信託では、日本の経済成長に投資するものとか、世界の不動産に投資するものなど、商品ごとに運用方針に沿って分散投資されます。ですので、何を選んだらよいかわからない人でも、ざっくりと投資先のエリアと資産を決めれば始められる面でも初心者向きだと思います。

用語解説

□**インデックスファンド**
市場全体の値動きに連動することを目指す投資信託。

□**アクティブファンド**
市場全体の値動きを上回る運用を目指す投資信託。

☺**Action!**

☞ 知識をつけてもやってみないとわからないこともあります
☞ 月100円からでも始めてみませんか?

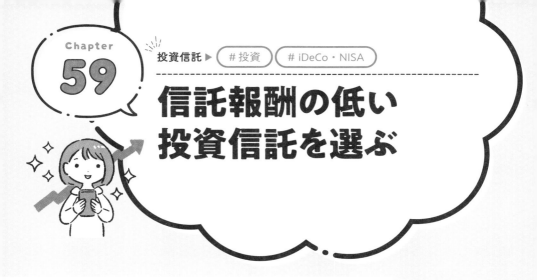

信託報酬の低い投資信託を選ぶ

投資信託には主に3つのコストがある

投資信託にかかるコストには、**購入するときにかかる「購入時手数料」、運用中ずっとかかる「信託報酬」、解約するときにかかる「信託財産留保額」の主に3つ**があります。

購入時手数料は、ノーロードファンドといって手数料0円のものも多いですが、中には3％を超える商品もあるので要注意。一度しかかからないコストではありますが、購入する際にはチェックして、できればかからないものを選びましょう。なお、つみたてNISAの場合は、一切かかりません。iDeCoや企業型DCの場合もほとんどかかりません。

また解約するときに信託財産留保額がかかるものもあります。

一番気にするべきコストは信託報酬

3つのコストの中でも一番気にしなければいけないのが信託報酬です。運用管理費用とも呼ばれ、運用会

すべての投資信託の購入時手数料が無料となっているネット証券会社もありますよ。

□信託財産留保額

投資信託の解約時に、資産の売却コストを投資家に負担させる仕組み。「基準価額の〇％」と決まっていて解約代金から差し引かれる。差し引かれないものもあります。

投資信託にかかるさまざまな手数料

購入時手数料
- 1〜3%程度が一般的
- 手数料0円のノーロードもある
- つみたてNISAはかからない

信託報酬
- インデックス型のほうがアクティブ型より低い傾向
- 外国より国内のほうが低い傾向
- バランスファンドは高め

信託財産留保額
- 現金化するのにかかる費用をファンドに残すもの
- 設定があるものとないものがある

購入　**保有中**　**売却**

運用

社・販売会社・受託銀行に**運用中ずっと支払うコスト**です。投資信託ごとに年率〇%と決まっており、毎日投資信託の資産から差し引かれます。

　たとえば、信託報酬が年率0.5%のファンドを10万円持っていて、純資産総額が1年間変わらなかったと仮定すると、かかるコストは年間約500円です。ところが、同じような運用成果を期待できる投資信託なのに、信託報酬が年率2%だとしたら、なんと信託報酬は年間2,000円にも。運用期間が長くなるほど、積もり積もって大きな負担になりますね。

　なお**信託報酬は、市場全体の値動きに連動することを目指す「インデックス型」のほうが、その値動きを上回る運用を目指す「アクティブ型」よりも低い傾向**があります。アクティブ型のほうが高くなるのには、市場全体の値動きを上回る収益を得るためにコストをかけて運用成果を上げられる投資先を発掘しているか

らという背景があります。

　しかしあくまで目指しているだけですので、実際に上回るかどうかはわからないもの。初めて投資信託にチャレンジするのであれば、まずはコストを抑えるためにもインデックス型で始めることをおすすめしています。信託報酬などコスト情報は、投資信託の目論見書（もくろみしょ）や、証券会社の商品情報ページに載っていますよ。

　iDeCoやつみたてNISA、企業型DCでは、同じ運用成果となりそうな投資信託が複数ラインナップされていることがよくあります。**たとえば「日経平均に連動するインデックス型」で数本ある場合は、その中で一番信託報酬が低いものを選ぶようにしましょう。**同じ成果なら、高い信託報酬はムダなコストとなりますからね。

　信託報酬の水準は、債券より株式に投資するもの、国内より外国に投資するもののほうが高めの傾向にはありますが、信託報酬を比較するときは、債券同士、国内株式同士など同じ投資先の投資信託を比べましょう。その中で低いものを選ぶといいでしょう。

用語解説

□目論見書

投資信託のトリセツのこと。ファンドの目的や特色、リスク、運用実績、コストなどが載っていて誰でも見ることができます。

😊**Action!**

☞ **購入時手数料がかからないノーロードファンドを選びましょう**

☞ **投資信託を選ぶ際には信託報酬をチェックしましょう**

60

投資信託 ▶ #やっちゃいけない #投資

毎月分配型の
投資信託は選ばない

分配金は「もらうとお得」なもの ではない

　分配金とは、運用によって得られた収益を決算ごとに投資した人に分配するお金のことで、運用成績によって毎回異なります。分配時期になると、投資信託の運用資産から払われ、その分だけ資産の総額は減少し、投資信託の価格である「基準価額」が下がります。

　もし**分配金を受け取らなければ、その分運用に回る金額が増えますので、複利効果で、収益が収益を生み、ふくらむスピードを加速できます。**分配金は「もらうとお得」なものではないと心得ましょう。

運用状況によっては元本を 払い戻すことも

　分配金には、運用で資産が増えた分を使って分配されるだけでなく、運用がうまくいかず資産が減ったときにも払われるものがあります。

　「普通分配金」は利益から分配されるため、税金が

用語 解説

□基準価額

その投資信託の純資産総額を口数で割って算出された値段のこと。一般的な「値段」とは少し異なり、安ければいいというものではありません。多くの投資信託では、運用開始時の基準価額が1万口1万円で設定され、その後の運用成果や分配金の支払いにより変動します。あくまで、発売開始時に比べてどのくらい変動したかを示すものなのです。

分配金を理解する

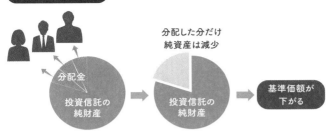

分配した分だけ
純資産は減少

分配金

投資信託の
純財産 → 投資信託の
純財産 → 基準価額が
下がる

・2つの分配金の違い

普通分配金　利益が
配分されたもの

特別分配金　元本の一部が
払い戻されたもの

投資信託の
買い値
（個別元本） → 投資信託の
買い値
（個別元本）

普通分配金　利益（課税される）

投資信託の
買い値
（個別元本） → 投資信託の
買い値
（個別元本）

特別分配金　払い戻し（課税されない）

かかりますが、投資信託の資産から払い戻される性質の「特別分配金（元本払戻金ともいわれます）」については、もちろん税金はかからず、払い戻された分、計算上の買い値である個別元本も再計算されて下がります。

複利効果が落ちる上に、場合によっては元本の払い戻しとなることもある分配金。**定期的に利益を確定して現金を受け取りたい人以外は、「分配金なし」または「再投資」を選ぶようにしましょう。**

(☺Action!)

☞ **複利効果がアップするのは分配金あり・なし、どっち?**
☞ **長期的に増やしたいなら分配金なしを選びましょう**

つみたてNISAで買える投資信託は、頻繁に分配金が支払われないタイプに限定されています。また、iDeCoでは分配金は非課税で再投資されます。

長く積立投資をするスタイルの制度ですから、複利効果を多く受けられるよう設計されているのですね。

投資信託 ▶ （ # 投資 ）（ # iDeCo・NISA ）

選べないなら バランスファンドを 積み立てる

商品選びで困ったら バランスファンドにする

iDeCo やつみたて NISA の口座を開設したのに、なかなか商品が選べなくて始められない…という声をよく聞きます。**積み立てる商品は、いつでも変えられるので、まずはスタートすることが大切**。商品選びで困ったら、バランスファンドを 1 本積み立ててみることをおすすめしています。

バランスファンドとは、株式、債券、不動産といった「値動きが異なる資産」を混ぜて投資する「複合タイプ」の投資信託のことです。

典型的な組み合わせは株式と債券ですが、投資エリア（国内・海外・世界全体）や、組み合わせの割合が少しずつ異なるさまざまなタイプがあります。

投資において値動きのブレを抑えるコツのひとつは、投資対象の資産を分散することです。世界中の株式と

用語 解説

□債券
国や企業などが投資家からお金を借りる目的で発行するもの。債券に投資して満期まで待てばお金が戻るほか、利子も得られますし、運用中に売買することも可能です。株式に比べて値動きが安定しているのが特徴。株式の下落局面ではそのマイナスの影響を債券が和らげ、株式だけの投資信託よりも運用成果が安定する傾向があります。

バランスファンドの例

● 複数の資産（株や債券、REIT）が組み込まれているファンド

自動的にリバランスしてくれる商品の例

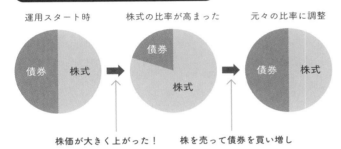

運用スタート時　　　株式の比率が高まった　　　元々の比率に調整

株価が大きく上がった！　株を売って債券を買い増し

債券に1本で投資できるバランスファンドは、自分で組み合わせることが難しい人にとってピッタリといえるのです。

資産配分割合を自動的に調整してくれる

　投資先を分散して運用していると、それぞれの運用成果が異なることで、配分が変わっていきます。バランスファンドには、増えた資産の一部を売却して、減った資産を買うことで資産配分割合を一定の割合に保ってくれる機能があるものがあります。

　自動的に直す機能があるバランスファンドは、多少

プラスアルファ

バランスファンドには、一定の年齢に近づくと自動的に特定の資産の割合を減らす機能がある「ターゲットイヤーファンド」もあります。

コスト（信託報酬）が高めではありますが、長期的に資産形成するのであれば、バランスを保って運用できるという安心を買うつもりで活用するのもいいでしょう。

バランスファンドのデメリットとして、コストが高めである以外には、運用中に自分で組み合わせの割合を変えられないことが挙げられます。もし投資信託の知識がついて変えたくなったときは、割合を増やしたい投資対象の投資信託を追加で積み立てするなどするといいですね。また、複数の投資先にわかれているため、どの資産がどれくらいファンドの運用成果に影響しているかが把握しづらいこともデメリットの一つです。

これまで、つみたてNISAやiDeCoをおすすめしてきましたが、積立投資と一括投資を比べたとき、どちらのほうが有利ということはありません。

相場が上がっているときは、積立投資だと少ない量しか買えず、その後威力を発揮することは難しいので、一括投資のほうが大きく増やせます。

この2つを比べる意味はなく、あれこれ悩まずに少額ずつ投資したいのであれば積立投資を。これから相場は上昇する、できるだけ増やしたいと思うのであれば一括投資をしてもいいでしょう。

☺Action!

☞ バランスファンドのメリットとデメリットを知ってどんなふうに感じましたか？
☞ バランスファンドの目論見書を証券会社のWEBサイトから見てみましょう

積立投資は10年以上続ける

買うタイミングを悩まなくて済む

投資というと、数十万円など大きな金額を一気に投じるイメージを持っている人が少なくありません。そのため、ある程度貯金ができてから…、家の頭金を払ってから…と考えて、興味はあってもなかなか始められない人もいるのではないでしょうか。でも**投資は、毎月100円からスタート**できるんです。それなら貯金がなくてもできそうですよね。

少しずつ同じ金額で買い付け続ける「積立投資」には、投資初心者でも続けられる大きなメリットがあります。それはあれこれ悩まなくて済むこと。

投資でお金を増やすには、相場が下がっているときに買うのがいいのですが、「買い時」を見極めるのはプロでも難しいもの。でも積立投資ならいつ始めても大丈夫です。**一定の金額を積み立てていると、相場が安いときにはたくさん買い付けられ、相場が高いとき**

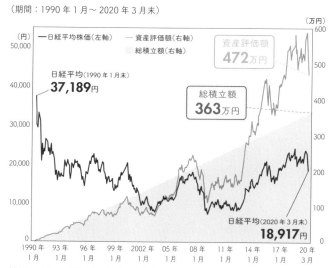

日経平均株価指数に30年間積立投資をした場合の試算

（期間：1990年1月〜2020年3月末）

日経平均（1990年1月末）
37,189円

資産評価額
472万円

総積立額
363万円

日経平均（2020年3月末）
18,917円

（資料）Bloombergのデータを基に金融庁作成
毎月末1万円を積立投資したと仮定して試算。なお、税金・手数料等は考慮していない。
出典：金融庁「長期・積立・分散投資とNISA制度」

は買う量が自動的に少なくなります。 あれこれ悩まず
に機械的に買い付けられ、買い付ける量をうまく調整
してくれるのが積立投資のメリットです。

10年以上続けることを目標に

あれこれ悩まずにできるといっても、積立投資なら
いつでも利益を得られるわけではありません。日本の
代表的な株式全般に30年間毎月1万円の積立投資を
した場合の資産の増減を見てみましょう（上図参照）。

30年前に3万7,189円だった日経平均がその後下
がり続け、30年経った2020年ではほぼ半額の1万
8,917円になっているのにもかかわらず、積立投資を
した結果、資産を増やせています。

プラスアルファ

日本を代表する225
社の株価平均である
日経平均株価指数に
連動する投資信託を
積立購入しているイ
メージです。

　よく見てみると、スタート後しばらくは元本を多少超える時期はあってもほとんど損している状況が続いていますよね。**積立投資では、資産が育つまでは元本割れする時期も多いため、そこでやめずに続けるのが鍵**。相場が下がっている時期にコツコツ買い続けておけば、その後相場が少しでも戻ったときに威力を発揮します。

　この例では、積み立てを開始したあと、相場は下がり続けましたが、「2003年中盤から2007年前半」と「2012年以降」の上昇時に、資産をぐんと増やせています。当初の15年間どんなに相場が下がっても積み立てを続けたことが実を結んだのです。

　ちなみに日本だけでなく海外の株式にも積立投資していたら、違う結果になります。どこに投資するかにもよりますが、最低でも10年間は積み立てを続けることを目標に始めましょう。

☞ **積立投資を始めたら10年は続けましょう**
☞ **損している時期もめげずにコツコツ続けましょう**

投資信託 ▶ `# 投資` `# iDeCo・NISA`

日本だけでなく世界の株式に投資する

経済がどのくらい成長するかは国によって違う

資産形成するなら日本だけでなく世界にも目を向けるのが◎。なぜなら、同じ期間でも経済の成長度合いは国によって異なり、**株式は長期的には、その経済成長におおむね連動して育つもの**だからです。

日本では、1990年をピークに経済成長が鈍化、株価が低い時期が長らく続き、30年経った今でも戻りきっていません。一方アメリカでは、上下変動はあれど30年間でなんと10倍以上に。アメリカを含む先進国や新興国など世界の株式を対象とした株価指数も、約4倍と大きく育っています。日本だけに投資をしていたら大きく減ったけれど、アメリカまたは世界全体に投資をしていたら、大きく増やせたのです。

世界全体に投資をするなら、投資信託を使うと簡単です。投資信託の例を紹介します。

プラスアルファ

世界全体の株価動向を知るのに広く利用されている株価指数「MSCI ACWI（オールカントリーワールドインデックス）」を参照。世界各国の規模に合わせて対象企業を組み込むため、半分以上アメリカの企業となっています（2022年9月時点）。

＜世界全体の株式を対象とする投資信託の例＞

日本を含む世界全体の株式に投資する投資信託の例
・eMAXIS slim 全世界株式（オールカントリー）
・SBI・全世界株式インデックス・ファンド
（愛称：雪だるま（全世界株式））

日本を除く世界全体の株式に投資する投資信託の例
・eMAXIS slim 全世界株式（除く日本）
・野村 つみたて外国株投信

世界全体の株式に「積立投資」するのが◎

　今後の見通しが明るくない中、世界全体に投資をしても損してしまうのでは？と思った人もいるでしょう。ここで活躍するのが、景気が悪いときも淡々と買い付け続ける「積立投資」です（参考記事→**62**）。

　世界全体の株式に毎月同じ金額で積立投資をすれば、「投資先」と「時間」の分散ができる上に、株価が低いときでも、多くの口数を買い付けられます。また、株式よりも値動きが安定する債券に投資する投資信託を組み込めば、さらにリスクを下げられます。難しければ、**世界経済に投資できるインデックス型のバランスファンドもアリですよ**（参考記事→**61**）。

さわ子先生の本音

長期的に資産形成をする中で、今後どの国が成長するのかは誰にもわかりません。世界各国の成長も応援したい思いもあり、私は1つの国ではなくまるっと世界株に投資をしています。

☺Action!

☞ **海外の株式にも目を向けましょう**
☞ **景気が悪くても積立投資ならいつでも始められます**

iDeCo、NISA、一般の課税口座

	老後資金を作りたいなら優先的に始めよう！ iDeCo	つみたて NISA 毎月コツコツ積み立てたい人はこれ！	
	運用益が一定期間非課税		
加入できる年齢	**20歳以上65歳未満**（60歳以上は国民年金被保険者のみ可能）	20歳以上（2023年1月1日より18歳以上）	
非課税期間	**運用期間中ずっと**	20年間	
年間投資額の上限	**14万4,000円〜81万6,000円**（働き方・勤務先の企業年金制度によって異なる）	40万円	
運用できる商品	**運営管理機関が提示する投資信託、預金、保険**	金融機関が取り扱う長期の積み立て・分散投資に適した一定の投資信託	
資産の引き出し	**60歳になると可能 受取方法は、年金か一時金**（併用できる場合もある）	いつでもできる	
その他のポイント	●掛金は全額所得控除の対象 ●年金として受け取る場合は公的年金等控除、一時金の場合は退職所得控除の対象となる ●毎月、口座管理料がかかる ●積立金に対する特別法人税は現在課税停止中	●買付方法は積み立てのみ ●他の課税口座の利益との損益通算不可 ●非課税投資枠の未使用分や、売却分について翌年以降への繰越は不可 ●投資可能期間は2042年まで ＜2024年からの ●口座開設期間：恒久化 ●1年間の投資上限額：つみたて投資枠120万円、成長投資枠240万円	

2022年12月時点の情報／新しいNISA制度については2023年度税制改正大綱の内容

での投資の違い

になる制度（非課税枠） 一般NISA （～2023年投資分まで）	一般の課税口座
20歳以上 （2023年1月1日より18歳以上）	何歳でも可能 （未成年は親権者の同意等が必要）
5年間	利益が出たら課税される
120万円	なし
上場株式・ETF・ 公募株式投信・ REITなど	上場株式・ETF・ 公募株式投信・REIT・債券 公社債投資信託など
いつでもできる	いつでもできる
●つみたてNISAとは年単位で選択制 ●他の課税口座の利益との損益通算不可 ●非課税期間終了後、新たな非課税投資枠への継続保有が可能	●確定申告すれば、複数の課税口座の損益通算ができる。また、損失も3年間繰り越せる ●口座には「特定口座」と「一般口座」がある

まとまった資金がある人や、株式投資をしたい人はこれ!

非課税枠を使い切った人はこれ!

新しいNISA（予定）>
●非課税期間：無期限
●2つの枠は併用可能
●一生涯にわたる非課税限度額：1,800万円（うち成長投資枠1,200万円）

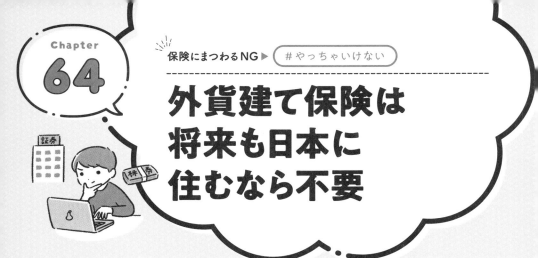

外貨建て保険は
将来も日本に
住むなら不要

用語
解説

□解約返戻金

保険を解約したときに
払い戻されるお金のこ
と。

円安だと保険料UP
円高だともらうお金DOWN

　外貨建て保険とは、払い込んだ保険料がドルや豪ド
ルといった外貨で運用され、万が一のときの保険金や
解約返戻金も、外貨で受け取る保険です。**一般的には、
円で払い込み円で受け取るため、払い込むタイミング
と受け取るタイミングで、円と外貨を交換します。**

　そのため、**払う保険料も受け取るお金も、円でいく
らになるかそのときにならないとわかりません。** これ
が大きなデメリットです。

　たとえば、1ドル100円のときに外貨建て保険を月
払いで契約していた人は、1ドル140円台と円安に
なっている令和4年現在、保険料は約1.4倍に上がっ
ているはず。出費が読めないのはツライですし、こん
なに上がったら貯金額も減ってしまいますね。

　解約返戻金や保険金など、保険会社からもらうお金
も為替レートによって変わります。払い込んだ保険料

を下回ることもあります。もちろん、円安の局面では、予定よりも多くの解約返戻金や保険金が支払われることもありますが、為替の動きは誰にもわからないんです。

解約返戻金や保険金だけでなく、かかるコストにも注意が必要です。**払い込む保険料には、保険会社への手数料が含まれ、運用されるのは残りのお金です。**また、円と外貨を交換する手数料が、1ドルあたり0.01円〜1円（商品によって異なる）、保険料支払い時と保険金等の受取時の2回かかります。資産形成において大切な、コスト削減という視点を忘れないようにしましょう。

将来外貨を使う予定がないなら検討の余地なし

日本よりも海外は金利が高いため、同じ死亡保障を得るために必要な保険料は、日本の保険より安いです。そのため、将来海外に住む予定としているなど、払い込みも受け取りも外貨でOKの人であれば、為替リスクがないため活用することも可能です。しかし、将来外貨を使う予定がないなら、この保険を使う意味はないと私は考えます。

すでに契約している人で、変動する保険料や今後の為替リスクに不安がある場合は、「解約」か「払い済み」を検討しましょう。

解約するのは嫌だけれど続けるのが負担なら「払い済み」がおすすめです。保険商品によってはできないものもあるので、保険会社に問い合わせましょう。
「払い済み」は保険料の払込みをストップして保障を小さくするものですが、特約が消滅することに注意。

☞ 将来、外貨が必要か考えましょう
☞ 外貨が欲しいなら外貨預金も選択肢に入れましょう

Chapter
65

変額保険に入るより投資信託を買おう

変額保険は本当に保障と運用の「いいとこ取り」か

変額保険とは、保険料のうち手数料や諸費用を差し引いた金額を、保険会社が特別勘定で運用を行い、実績に応じて保険金や解約返戻金の額が変わる保険です。運用商品は、保険会社が指定する複数の投資信託から契約者が選びます。ラインナップは、内外の株式、債券に投資するインデックス型やアクティブ型、バランス型とさまざまです。

運用に回る分については、信託報酬がかかったり運用レポートが作られたりと、一般の投資信託と変わりません。異なる点は、死亡保障がついており、万が一のときには基本保険金額を受け取れることです。一見すると「保障と運用のいいとこ取り」ですが、果たして本当にそうでしょうか。

実は、保障と運用のパック商品のため、見えないコストがかかり、一般の投資信託を積み立てたときに比

用語解説

□特別勘定

運用実績に応じて保険金額等が変動する保険商品の資産を管理、運用する勘定のこと。

用語解説

□基本保険金額

主契約に対して支払われる保険金のこと。

べて、同じ運用実績でも受け取れる金額は少なくなるのです。

また、契約してから時間が経っていない場合は、どんなに運用実績がよくても元本割れします。これも変額保険のデメリットです。

保険としてのメリットもうたわれるが分けて考える

変額保険は保険ですから、毎年の税金を安くできる「生命保険料控除」を受けたり、相続税の計算上、死亡保険金から一定の非課税枠を控除できるメリットがあります。そのため、現在死亡保険に入っておらず、死亡保障を必要としているのであれば、一考の余地はあるかもしれません。

しかし、同じ死亡保障を得るための保険料は、変額保険と定期保険では、大きく異なります。保険料の差額分で投資信託を積み立てすれば合理的！

このように**保障は掛け捨てでコストを抑えられる定期保険に、運用は投資信託にと切り分けて考えるのがベスト**です。NISAやiDeCoなど非課税制度を活用すればなおいいでしょう。

☞ 投資をするなら証券会社の口座を開きましょう
☞ 死亡保障が欲しいなら掛け捨ての定期保険を検討しましょう

長期的に資産形成したいならFXはしない

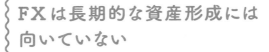

FXは長期的な資産形成には向いていない

　FXとは、日本とアメリカなど2つの国の通貨価値の**差を利用して利益を得る商品です**。たとえば、1ドル100円のときに100ドル買い、その後1ドル130円になってから売れば、「(130 − 100)× 100ドル = 3,000円」の利益(為替差益)を得られます(手数料等考慮していません)。逆に、もし1ドル70円になって売却したら、3,000円損することになります。要するに、為替の値動きを当てて利益を狙う…そんなイメージです。

　つみたてNISAやiDeCoより、メディアによる広告で目にすることが多いFXは、投資初心者の人が興味を持ちやすいようで、セミナーなどでも「投資といったらFXでしょうか?」と聞かれることもあります。でも私は「**長期的な資産形成にはFXは向いていない**」と答えています。その理由は、FXでは値動きを予想して、短期的に売り買いを繰り返す必要があるから。

さや子先生の本音

私はFPになる前に、「主婦がFXで1億円稼ぐ」といった内容の本を手に取り、1年ほどチャレンジしました。結果、会社員時代の貯金の多くをなくしてしまった苦い思い出があります。20代の貯金なので大した金額ではなかったものの、だからこそレバレッジを魅力に思ってしまったのですね。

資産を育てる株式投資（や株式に投資する投資信託）」とは異なり、「小さな損」と「大きな利益」で、資産を積み上げようとするFXは、資産が増える機会に投じる「投機」手段にあたるからです。

ほかにもあるFXが向かない理由

FXには、持っているお金の25倍まで取引できる「レバレッジ」という仕組みがあり、手元資金が少ない人でも、一気に稼げると感じる人がいるようです。利益を25倍まで大きくできる代わりに、損失も25倍大きくなるのが怖いところ。たとえば、取引用のお金として60万円預けているFX口座で、1ドル120円のときにドルを10万通貨買ったとします。レバレッジを25倍とすると、10万通貨買うために必要な金額は「120円×10万通貨÷25＝48万円」となります。もし1ドル118円になったらどうなるでしょうか。たった2円の差で20万円の損失となり、4割以上も失うことに。為替は、いろいろな要因で大きく動くため、長期的にほったらかしておくなんてできないでしょう。しかも、損がふくらみ一定の水準になると、自動的に保有する通貨が売られる「ロスカット」という仕組みもあり、長期的に持つことも難しいのです。

FXによる利益には、2ヵ国間の金利差によって発生するスワップポイントもあります。これは、毎日受け取れる利息のようなものです。

☞ **資産形成をするならFXではない手段でしましょう**
☞ **どうしてもしてみたかったら余剰資金で、楽しめる範囲で**

「なんか儲かりそう」はNG ▶ #やっちゃいけない

人やネットからの
情報を疑う

投資案件に数十万円投じようとした知人がいます。英語の契約書は読めないが信頼できる仲間に確認してもらったから大丈夫の一点張り。最初に大金を投じさせて、「必ず儲かる」といわれる案件はNG案件確定です。

私が常に金欠状態だった大学生のとき、友人が誘う高額報酬のアルバイトに内容も確認せずについていったことがありました。ある宗教法人で怪しい作業をする羽目に陥り、怖すぎてすぐにやめました。お金がないときほど気をつけましょう。

心優しく信用しやすい人ほど損をする

投資詐欺とまではいかなくても、知り合いや友人に誘われた投資案件で大きな損をする人がいます。

〇〇さんだから大丈夫、とか、△△銀行だから信用できる、なんてことはありません。

相手は悪気なく「いいものを教えたい」と思って誘ってくる案件でも、あなたにとっては大切な資産を失うことになるかもしれません。心優しくて相手を信じやすい人ほど、損するのです。

国民生活センターに寄せられた相談事例をいくつか紹介します（右ページ参照）。

自分の資産は自分の頭で考えて育てよう

この本を読んでいるということは「お金を増やしたい」と思っていることでしょう。そう思っているときこそ、損につながるような案件に巻き込まれやすいともいえます。

＜投資に関する相談事例＞

- 無料メッセージアプリの投資グループに誘われ、参加することにした。担当者に出資金150万円を振り込み、海外FX口座で取引したが出金申請できない
- SNSで知り合った女性からすすめられたFX取引で儲けが出たが、お金を引き出すために高額な手数料を請求され、支払ったのに出金できない
- マッチングアプリで知り合った女性にすすめられて海外FX事業者の口座開設をし、その女性にいわれた個人名義の口座に高額を振り込んだが、お金が引き出せなくなった
- 元金が1年で10倍になると友人に誘われて海外の事業者に投資したが、予定日を過ぎても返金されない。事業者の連絡先もわからない
- 将来値上がりする暗号資産で代物返済されるという私募債を知人にすすめられ購入した。その後、代物弁済の完了通知がきたが、実態がない暗号資産のようだ

出典：独立行政法人国民生活センターホームページ「相談事例（2022年8月26日更新分）」より作成

特にお金の情報については、常に疑うことが大切。FPがいっているから大丈夫ということもありません。

　自分で稼いで得た大切な資産です。どう増やすか、どう守るか。いろいろな人やネット、本などから情報収集をしたら、最終的には、自分の頭でしっかり理解できたものに投資し、自己責任で育てていきましょうね。

プラスアルファ

不安に思った場合や、トラブルに遭った場合は、すぐに最寄りの消費生活センター等に相談を。
消費者ホットライン「188（イヤヤ）」

☺Action!

☞ ネットの情報をすぐに信じたりしていませんか?
☞ 契約書にはしっかり目を通し商品性、リスクを理解し納得してから始めましょう

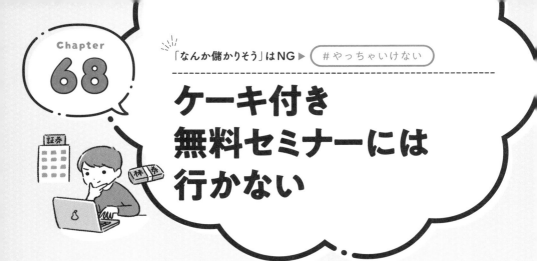

「なんか儲かりそう」はNG ▶ ＃やっちゃいけない

ケーキ付き 無料セミナーには 行かない

無料で情報発信している意味を 考えよう

　SNSを見ていると、「無料で学べる働く女性のためのマネーセミナー」という広告をよく目にします。コロナ以前はケーキ・コーヒー付きもとても多く、タダでケーキも食べられて学べるなら…とセミナーに足を運んだ人も多くいるようです。

　このような広告は、あくまで憶測ですが「資産形成をするためにも正しいお金の知識を学ばないと」と思いたった20代後半〜50代前半くらいの人に届くようにターゲットを絞って配信されているように思います。また、セミナーにもよりますが、登壇する講師になかなか立派な謝礼を払っているケースも少なくありません。私の会社にも、「うちの会社と提携して無料セミナーの講師をしてくれませんか？」といった内容の依頼が少なくなく、講師謝礼の高さにびっくりしたことがあります。

　考えてみてください。どうして、**広告費・人件費が そんなにかかるのに、無料で開催できるのでしょうか**。それは多くの場合、参加した人に買ってもらいたい不動産や保険、投資商品といった商品があるから。全員でなくても、**一部の人に商品を買ってもらえば、かかったコストなんてあっという間に回収できます**。「無料」でサービスを受けられるなんて通常はあり得ず、必ずなんらかの裏があるんです。

行くなら強い意志を持って

　私自身、金融機関や自治体主催の無料の消費者向けセミナーに講師として登壇することもあり、「商品やサービスを知ってほしい」「市民に学びと交流の場を提供したい」など、主催者によってさまざまな狙いがあることを知っています。

　無料セミナーに行こうか悩んだときは、必ず主催会社と何を売っているかを調べて、「行ったら売られるかもしれない商品」を確認してください。その会社がすでに利用しているところであれば大きな問題はないでしょう。学ぶことだけを目的に一切何も買わない強い意志を持って参加するのもアリです。とはいえ、セミナー後には営業電話が何度もかかってくる可能性も。そのことを覚悟の上で検討しましょう。

さや子先生の本音

いろいろな会社が主催するお金の無料セミナーに勉強がてら参加したことがありますが、その後電話が何度もかかってきて閉口しました。

☞ **無料セミナーには飛びつかないようにしましょう**
☞ **行くときは「相手が売りたい商品」を調べましょう**

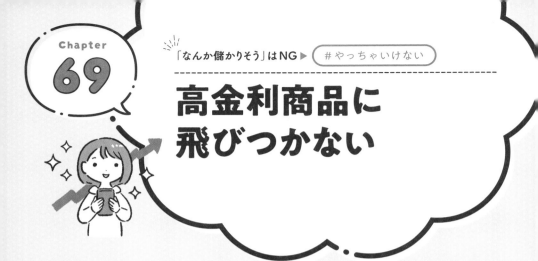

高金利商品に
飛びつかない

高金利・高利回りをうたった
商品に注意

　金融商品の広告には、高金利・高利回りをうたったものが多くあり、メールでもチラシでも、金利の数字が目立つように配置されていることもあります。こうした商品に飛びついてしまい、損をしたり、中途解約ができないなどトラブルに発展するケースがあるようです。

　金融商品取引法という法律では、

・事業者名や登録番号、手数料や損失リスクなど顧客が不利益となる事実などの重要事項の表示
・リスクに関する項目の、他の項目と同等の大きさの文字にするなど明瞭で正確な表示
・利益の見込みについて事実に相違する表示の禁止

　などを義務付けていますが、こうした規制をギリギリ通過するように、巧みに作られている広告をよく目にします。よく考えずにクリックや電話などしたら業者の思うツボ。こうした広告を見たときには、決して飛びつかず、冷静に商品内容を見極めることが必要です。

金融商品の広告を見るときの注意点

もしも気になる広告を見たときは、アクセスせずに、小さい字も含めて隅々までチェックしましょう。

- **何の商品か**

　不動産投資、社債、投資信託、預金など

- **どんな商品か**

　よく理解できないものはその時点でやめるのが賢明

- **損するリスクはあるか**

　元本割れする、中途解約できないなど

- **コストはかかるか**

　手数料など払うことになるお金

- **金利を得られる条件**

　金利は年利で表現されていますが、適用期間は数日間など超短期のものもあります。口座開設させて他の金融商品を売るためのドアノック商品ともいえます

- **登録業者かどうか**

　金融庁のホームページにて確認できます。無登録で金融商品取引を行う業者も公表されています

　ここまでチェックしてなお興味を持っていた場合も、商品名などから自分で検索し、公式ホームページを見るようにしましょう。リスクのない商品なんてありません。商品内容とリスクを十分に理解しているかどうか、よく考えましょう。

プラスアルファ

メールの中には、金融機関やカード会社になりすました、個人情報をだまし取るためのフィッシング詐欺のメールも多いので、どんなメールも、広告やリンクを直接クリックすることは避けたほうが無難です。

用語解説

□ドアノック商品

主な商品やサービスを利用してもらうために用意している、安価や無料の商品やサービスのこと。閉ざしている心のドアをノックして、開けてもらうための商品。

☺Action!

☞ 広告メールに飛びついてクリックしたことはありませんか?

☞ 隅々までチェックするクセをつけましょう

「なんか儲かりそう」はNG ▶ #やっちゃいけない

ワンルーム投資に注意する

ワンルームの不動産投資に要注意

「家賃収入を得て老後に備えよう」などとうたわれた無料セミナーに行ったことをきっかけに始める人もいるワンルームの不動産投資。会社員や単身の人などから、副業として興味を持っているがどう思うかと、私も相談を受けたことがあります。

セミナーですすめられるワンルーム投資では、少しの頭金で投資用ローンを組み、入居者募集も管理も業者に任せることが多いので、誰でも手軽にできそうと感じられるかもしれません。しかし不動産投資はそんなに甘いものではありません。**大きなリスクを抱えることを理解せずに安易に契約する人もいるため、注意が必要です**。業者から「節税」「老後の年金代わり」などといわれる物件は要注意です。リターンが小さい、つまり割高な物件を買わせるときの決まり文句だからです。

プラスアルファ

不動産投資に詳しい中小企業診断士の桑岡伸治氏によると、「投資回収に30年以上もかかるような物件に投資するメリットはない、他にもっといい物件はあるから、根気よく探すことに力を注ぐべき」とのこと。じっくり探したいものですね。

ワンルームマンション投資の仕組み例

不動産投資の主なリスク

主なリスク	要因例
家賃収入の減少	入居者の多くを占める企業や大学の移転など
物件の資産価値の低下	老朽化の放置、事故物件化など
売却価格の下落	競合物件の供給増、不動産市況の悪化など
建物の想定外の棄損、修繕費負担の発生	火災や地震など

ワンルーム投資を検討したら するべきこと

　会社員が副業として始めても、不動産投資をすることは経営者になることを意味します。もしワンルーム投資を検討するなら、業者任せにせずに自分で必ずするべきことがあります。

> ・かかる経費、家賃収入の見通しをチェックし、実質的な利回りを自分で計算する
> ・５年後に売却した場合、どのくらいで売れるか（手元にいくら入るか）調べる
> ・資金計画書、キャッシュフロー表を自分で作る
> ・物件価格の相場を調べる
> ・キャリア・ライフプランを実現できるか考える
> ・家族に相談する

　最悪の状況をも想定して、キャッシュフローを自分で試算し、自分が今後送りたい人生を実現できるプランかどうか、冷静に見極めることが大切です[※]。

※取材協力：桑岡伸治氏

マイホームを買うときも資産価値を考える

　不動産投資ではないですが、マイホームも立派な資産。購入検討の際、不動産投資と同様、資産価値がいかに落ちないかという視点が重要です。

　住み替えしたくなったとき、高く売る、または貸すことができる物件がいいですよね。資産価値が落ちにくい駅近、利便性が高いエリアが◎。住む間もきれいに保つ意識を。新築物件は、買った瞬間に３割前後価値が落ちるといわれます。頭金なしで住宅ローンを組むのは債務超過の原因となりますので、要注意です。

用語解説

□債務超過
借金の金額が資産の額を上回っている状態のこと。

☺Action!

☞ リスクを抱えることを認識して安易な契約はやめましょう

☞ 経費や収入（家賃・売却予想）から実質的な利回りを自分で試算しましょう

暗号資産を買うなら
失う覚悟で

暗号資産はデータのみで
やり取りするお金

暗号資産とは、ビットコインなどの仮想通貨のこと。ビットコインだけでなく、いまや数千種類以上のさまざまな通貨が世界中にあり、昨今、資産形成の手段として暗号資産に興味を持つ人が増えています。

最初の暗号資産であるビットコインが初めて取引されたのは2010年のことでした。このときはピザ2枚を1万BTCで交換した（1BTC＝0.0025ドル相当）といわれています。2022年11月現在、1BTC＝1万6,600ドルですので、なんと600万倍以上に価値が上がりました。

暗号資産は円やドルなどと違って紙幣などの実体はなく、データのみでやり取りするお金です。 電子マネーと似ていますが、あくまで円がデータに形を変えただけの電子マネーとは異なり、暗号資産は、それ自体が「国など特定のどこかにコントロールされないお金」

プラスアルファ

ビットコイン以外の暗号資産のことを「アルトコイン」と呼びます。

用語解説

□ BTC
ビットコインの通貨単位のこと。

であり、日々の相場も変動しています。

　世界中の誰にでも、低コストかつ短時間で送金できる点がメリットです。

　取引所や販売所を通せば、別の暗号資産や円など法定通貨と交換でき、対応している店ならば、ビットコインを使ってモノを買うこともできます。ただ、**取得時よりも高く売れれば所得税（雑所得）がかかりますし、相続すれば相続税の対象となります。**

暗号資産での資産形成はNG

　暗号資産は、価値の変動が激しく不安定なので、資産形成に向いているとは全く思いません。

　たとえば2021年11月に1BTC＝6万9,000ドルの価値があったビットコインは、たった半年後には2万6,000ドル台と半値以下に下落。過去にはたった1日で3割以上下落することもありました。

　ちなみに私は、2017年前半に勉強がてら、失う覚悟でビットコインを3万円程度買いました。たまたま10倍以上にふくらんだため、大型家電量販店で、家電を購入しました。レジで並んでいる間もスマホ上のBTC価格が上下するため、ドキドキしたのを覚えています。決済した分は、雑所得として納税もしました。私自身は、価値の上下に耐えられないと感じたので、買い増しなどはしていません。

　株式投資にも変動はありますが、変動に上限下限がある株式と異なり、暗号資産には限度がありません。
また、その原因が株式よりわかりづらいのが難点です。

企業の活動に伴って成長する株式と違い、投機家の思惑で価値が決まる暗号資産そのものには、成長性はないといえるのです。

　もちろん、将来性が全くないとはいいません。スマホが登場してからあっという間に普及したように、もしかしたら暗号資産が法定通貨のように流通する日が来ないとは限りません。そうした日を楽しみにしている人や、どうしても法定通貨への不安があり、暗号資産を持っておきたい人は、全額失う覚悟を持ち、少額資金で始めるといいでしょう。

　SNSなどでは、暗号資産による資産形成を推奨している人も成功している人も多くいますが、ほんの一握りです。
　手っ取り早く資産形成できる手段なんてありません。情報に振り回されずに、自分の資産は堅実に自分で守って育てましょう。

☞ **資産形成ではなく投機手段としてなら買うのもアリ**
☞ **買う場合は全額失う覚悟で、余剰資金で少額、購入しましょう**

投資生活の充実 ▶ #投資

課税される投資にも
チャレンジしてみる

まずは非課税制度を優先する

投資に初めてチャレンジしようと思ったら、まずは**投資で得られる利益に税金がかからない制度を優先して活用しましょう。**

iDeCoや一般NISA、つみたてNISAなど、一定期間非課税で運用できる制度をフル活用※することなく、課税される一般の証券口座で運用している人を時々見かけますが、とてももったいないと感じます。

利益に対して課せられる税金は、20.315%（所得税・復興特別所得税：15.315%、住民税：5%）です。10万円の利益が得られたとき、約2万円もの税金がかかってしまうのです。

税金は株式や投資信託などを売却したときの利益だけでなく、株式投資の配当金や、投資信託の普通分配金にも課せられます。この分配金は、受け取らずに再投資する場合でも税金がかかります。再投資に充てられる金額が税金を差し引いた残りとなってしまうため、課税口座で運用すると得られる複利効果も少なくなっ

※
フル活用とは、非課税投資できる上限額いっぱいまで新規投資をしていることを指します。iDeCoであればその人の状況ごとの「拠出限度額」、一般NISAであれば年間120万円、つみたてNISAであれば年間40万円となります。（NISA制度については2024年から変更予定）

iDeCOとつみたてNISAの次にする投資手段の例

	投資手段	概要
積立投資	積立投資信託	投資信託を毎月定額で積み立てする 長期投資に向く投資信託に限定されているつみたてNISAで購入の投資信託を参考に選ぶのもいい
	純金積立	実物資産の金を積み立てする。配当など保有中の利益はない。株や債券との相関性が低いため一定のインフレ対策になる。ドルでの取引なので為替リスクがあることと、投資信託に比べて運用コストが高めなことに注意
スポット投資	株式投資	企業の個別株を買う。高配当・割安株を探すといい。米国株を買いたい場合は外国株取引用の口座を開設。米国株は1株から買えて比較的少額投資が可能(ただし為替リスクあり)
	ETF (上場投資信託)	上場しているインデックス投資信託のこと。上場株式と同じようにリアルタイム取引が可能。投資信託より低コストの傾向だが、分配金は原則、再投資できない

てしまうのです。

iDeCoやNISAの次に始めやすい投資手段

　課税での投資にチャレンジしてもいい人は次のような人です。

・iDeCoや、一般NISAまたはつみたてNISAをフル活用している
・毎月の家計に余裕がある
・1年間生活できる「生活予備資金」が十分に蓄えてある
・しばらく大きなお金を使う予定がない
・もう少し積み立てをしたいと思っている
・貯蓄の一部を投資に回したいと思っている

　iDeCoやNISAの次に始めやすい投資手段にはいろいろな選択肢があります。

毎月の積立額を増やしたい場合は、まず積立投資信託が選択肢となります。投資信託は、つみたてNISAで選んでいるタイプと同じにすると安心ですが、慣れてきたら別のタイプにしてもいいでしょう。また純金積立も選択肢に入るでしょう。ただし、コストに注意。年会費がかかる場合や積立を中断するときにコストがかかることもあります。

ボーナス時や、貯蓄の一部を**スポット投資したい場合は、株式投資やETF投資が選択肢になるでしょう。**米国株に興味があるけれど個別株に投資するのはためらわれる場合などは、1本で数10社から500社といった複数の米国株を買えるETFがいいでしょう。

その他の選択肢として「ロボアド投資」もあります。たとえば、ロボアド投資サービスを提供するウェルスナビでは、自分に合う資産配分で世界全体のいろいろな資産に分散投資してくれるので、どれを選べばいいか迷って決められない人には有効な手段。ただし、手数料が高いことに注意が必要です。

何に投資するとしても、自分がどのくらいリスクを受け入れられるかに応じて投資金額を考えましょう。

用語解説

□ ETF

特定の指数(日経平均株価・NYダウ工業株30種平均、S&P500等)の動きに連動する運用成果をめざし、市場に上場している投資信託。インデックス型の投資信託と似ていますが、投資信託の価格(基準価額)は1日1回しか算出されないのに対し、ETFは証券取引所の取引時間中ならリアルタイムで値動きしているところが異なります。

☺Action!

☞ **使える非課税投資制度をフル活用しているか、確かめましょう**

☞ **興味を持った手段があれば、調べてみましょう**

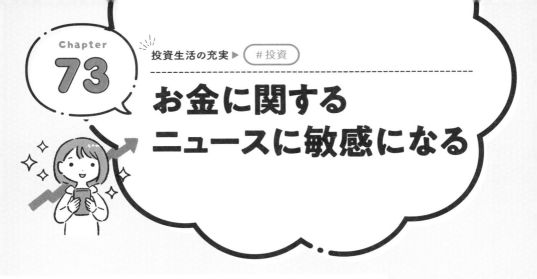

お金に関する
ニュースに敏感になる

お金を増やす・守るために
最新情報を手に入れる

資産形成をするならば、日々ニュースなどで流れてくるお金に関する情報に敏感になりたいものです。たとえば、**積み立てている投資信託のベンチマーク（指標）である日経平均やTOPIX、ダウ平均といった株価指数は、上昇傾向か下落傾向か、動きだけでもキャッチしましょう。**

つみたてNISAやiDeCoのように定期定額積立の場合は、変動していても関係なく定額で積み立てるので、頻繁に価格（基準価額）をチェックして一喜一憂する必要はありませんが、世の中の流れをつかんで自分の資産にどんな影響があるか知っておくことは大切です。

特定の会社について株式投資をしている場合は、なおさら情報収集が欠かせません。**株価だけでなくその会社や業界に関するニュースを毎日見ておきましょう。**

また、効率的な資産形成には、国の制度やサービス
に敏感になることも大切です。**特に社会保険の改正や、
補助金などの助成、マイナポイントのような還元政策
などは、知らないと損することも多いもの。**資産形成
のスピードを上げるためにもチェックを欠かさないよ
うにしましょう。

情報入手を自動化しよう

　毎朝、新聞に目を通すことができれば一番ですが、
それは無理！という人は、**お金に関する情報だけでも
自動的に入手できる仕組みを作るのがおすすめです。**
私が行っている自動化の方法をいくつかご紹介します
（右ページ参照）。

　これらのツールはすべてスマホで完結できるため、
通勤中などにサクッと確認しています。また、自動化
しているものではありませんが、これら以外に
YouTubeやTwitterなどでもお金に関する情報発信し
ているチャンネルやアカウントをフォローし、更新時
に目を通しています。

　情報入手を自動化できても、見なかったら意味があ
りません。**チェックする時間帯やシーン（私なら、朝
起きてすぐと通勤中）を決めてルーティンにしましょ
う。**また、その情報が正しいとは限りません。**気になっ
た情報は必ず情報の信頼性を判断するために、「根拠」
を自分で調べることが大切です。**特にTwitterや
Instagram、YouTubeなどSNSの個人アカウントの情
報は、鵜呑みにしないようにしましょう。

情報収集を自動化する方法

ツール名	入手方法
iPhone「株価アプリ」 Android「株価ウィジェット」	スマホのウィジェットに常時株価指数や好きな銘柄の株価等を表示できる。iPhoneなら標準装備の「株価アプリ」が手軽でおすすめ（指数は若干時間にズレあり）。Androidには標準装備はないため、Yahoo!ファイナンスなどのアプリと連携してウィジェットに表示する
Googleアラート	設定した特定のキーワードに関連した情報がインターネット上に公開された際、自動的にメールなどで通知が届く
日本経済新聞電子版	読みたい情報のテーマやキーワード、フォローした連載などを登録しておくと、関連記事が収集されてメールで届く
RSSリーダー	知りたい情報を発信しているWEBメディアを登録しておくと、更新時に通知してくれる

　世の中に出回る膨大な情報の中から、正しい情報を見極め抽出するのは本当に難しいことです。判断する方法として主に3つ紹介します。

・情報の発信源はどこか

　公的機関であれば信頼性は高いです

・伝聞や転載ではないか

　「〜だそうです」と伝聞になっていたり、別媒体からの引用や転載されている情報は、元の情報まで調べましょう

・記事の更新日はいつか

　インターネット上には古い情報もたくさんあるため、いつ時点の情報かチェックしましょう

　上記を確認した上で、複数の情報源を調べるのが◎です。

©Action!

☞ **お金に関するニュースを意識していますか?**
☞ **毎日チェックできる仕組みを考えてみましょう**

1年間は生活できる 預貯金を確保しておく

資産形成には「守る」視点も大切

「増やす」テーマでいろいろな資産形成手段について書いてきましたが、資産形成には、自分の今の資産を守る視点を持つことも大切です。私たちの人生には、時に思いもよらない出来事が起こります。病気・ケガ・事故・天災・進路変更・リストラ・予期せぬ移住・離婚など、数え上げればきりがありません。

こうしたときには、収入が大きく減ったり大きな支出が発生したりします。**国民健康保険や健康保険、雇用保険など社会保険で、ある程度のカバーはありますが、やはり一番味方になる備えは自分の自由になるお金、それもすぐに引き出すことができる預貯金です。**

iDeCoやつみたてNISAなどで積み立てをすることも、備えのひとつですが、あくまで将来に向けた備えです。相談に来られるお客様の中には、預貯金をほとんど持たずに、積立投資や、貯蓄型保険の保険料に多額を回しているケースも見受けられます。

積立投資の資産は、iDeCoでなければいつでも売却

して現金化することは可能ですが、時期によっては大きく減っていることもあるでしょう。貯蓄型保険も、払込期間中に解約すると、解約返戻金は支払った保険料総額を下回ります。積み立てていた資産を予定外の用途のために取り崩すのは、本意ではなく悔しいはず。ある程度の預貯金を常に持っておくことは、心の安定にもつながりますよ。

1年間は無収入でも生活できるように

持っておきたい預貯金の目安は、生活費1年分です。万が一収入がゼロになった場合に、1年間生活できるくらいとイメージするとわかりやすいでしょう。そうなったら生活を見直して支出を抑えるだろうと思うならば、今の生活費より低く見積もってOK。自分が生活できる最低限の金額で1年分を算出してみてください。実家に戻る想定で住宅費を変更してもいいですよ。

特に自営業の人はしっかり蓄えておきましょう。国民健康保険には、病気などで働けなくなった場合の保障がありません。**預貯金に加え「就業不能保険」などでの備えもしておくと安心です。**

赤字生活で貯蓄できていない人は、生活費を見直して黒字化し、まずは生活費6カ月分の貯蓄を目標に。貯められる家計になったら、貯蓄と合わせて少しずつ積立投資を始めるといいですね（参考記事→**14**）。

さや子先生の本音

自分にとっての最低限必要な生活費がいくらか考えることで、今の自分がいかに余計なお金を使っているか気づくことがあります。外食費や娯楽費、美容費などの「うるおい費」は大切ですので、それ以外にムダ遣いがないか、お金の使い方を見つめなおす機会にするといいですね。

☺Action!

☞ **1年間に最低限かかる生活費はいくらですか?**

☞ **1年間は生活できる預貯金がありますか?**

あるある！ 増やせない私たち やってしまった！

株の短期取引にハマり中♪

ふむふむ

ランチくらいゆっくり食べなよ

あ、上がってる！売って利益確定しよう

う〜ん、どうかなぁ

わ、この株下がってる…値上がりするまで持ってないと損する

そう思っているときに限って…

ぐぬぬ…

ぎゃ〜

さらに下がってる！こうなる前に売ればよかった

慣れていても相場を見るのは難しいものですからね

ははは

3

基本は
稼ぐ

貯める、増やすの元手となるのは収入です。

収入から引かれる税金のことや、社会保障のこと、

生涯にわたって働き続けられる環境づくりや

キャリア形成についても紹介していきます。

給与明細を
じっくりと見る

給与明細は資産形成するための
情報の宝庫

　会社などから給与をもらっている人は給与明細書を
じっくり見ていますか？　紙、データ、どちらでもらっ
ている場合も、明細書を隅々まで見ているという人は
あまりいないかもしれません。私自身、会社員時代に
はほとんど目を通していませんでした。でも給与明細
書には、お金を貯めるためのヒントとなる情報が満載
です。じっくり見るメリットは主に2つあります。

＜給与明細書を見るメリット＞

・納めた（給与から引かれた）お金を把握できる
・残業記録や各種手当など間違いがある場合に気
　づくことができる

　給与口座に振り込まれるお金（手取り）は、いわゆる
額面の給与から社会保険料や税金が差し引かれた残り
の金額です。給与明細書をチェックしないということ
は、稼いだ大事なお金から自分が納めた金額を知らな

いことを意味します。知ることで、社会保険料や税金を少なくできないか考えるきっかけになります。また、ふるさと納税など住民税控除を受けた場合の効果を確認することにも使えます。

給与計算は、時には残業記録や各種手当、社会保険料などが間違っていて、手取りが減っていることもあり得ます。チェックしていれば、すぐに誤りを連絡することができますね。

捨てずに保管しておこう

給与明細書は、最低5年間は保管しておきましょう。なぜなら、もし未払い賃金があった場合に過去5年（現行3年※）はさかのぼって請求でき、所得税や住民税の控除や還付を受ける場合の時効も5年だからです。

また、退職した場合に受けられる雇用保険の基本手当の申請期限は2年間ですが、その際、給与の証明書類として給与明細書を求められることもあります。

その他、確定申告や年金加入記録の確認などでも必要になることもあるので、源泉徴収票とともに、できればずっと取っておきましょう。

保管方法は、紙の場合は時系列でファイルにとじてもいいですし、PDFファイルに変換してPC上に保管するのもいいでしょう。その場合は必ずバックアップも取っておくようにしましょう。

プラスアルファ

年末調整の還付を受けられる場合、12月か1月の給与明細書の支給欄に、「年末調整還付額」または「所得税還付額」といった項目で記載されます。会社によっては、控除欄の「源泉所得税」の項目で、マイナス表示をしていることもあります。

※2020年4月1日の法改正により、未払い賃金の請求権利について、消滅時効が2年から5年に延長されましたが、当面の間は3年とされています。

☺Action!

☞ **給与明細書をじっくり見てみましょう**
☞ **給与明細書を見て、もしわからない項目があったら、調べてみましょう**

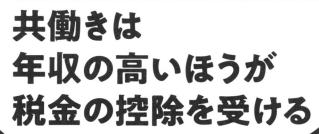

稼ぎの把握 ▶ #税金を減らす #やらないと損

共働きは
年収の高いほうが
税金の控除を受ける

所得税は年収が高いほど税率が上がる

　所得税は、1年間のすべての所得から所得控除を差し引いた残りの課税所得に、課税所得に段階的に応じた税率をかけて税額が決まります（参考記事→**30**）。

　税率は、所得が多くなるに従ってその分が段階的に高くなる「超過累進税率」ですので、共働きの場合、年収が高いほうが適用される税率が高くなる可能性があります。

　そのため、**年収が高いほうの「課税所得」を押し下げることが、世帯の手取りを増やすことにつながります**。その課税所得は、年収から所得控除を引いたものですから、所得控除を増やせば課税所得を押し下げられるのです。

扶養控除・医療費控除・
生命保険料控除

　夫婦どちらかにまとめることができる主な所得控除は、扶養控除・医療費控除・生命保険料控除です。そ

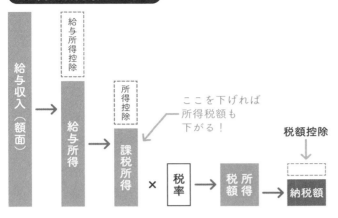

会社員の所得税算出イメージ

給与収入（額面） → 給与所得 → 課税所得 × 税率 → 所得税額 → 納税額

給与所得控除

所得控除

ここを下げれば所得税額も下がる！

税額控除

所得税を算出する際は超過累進税率を使うため、国税庁ホームページに掲載の「所得税の速算表」を使うのが便利です。

扶養控除額（所得税の場合）

区分		控除額
一般の控除対象扶養親族		38万円
特定扶養親族		63万円
老人扶養親族	同居老親等以外の者	48万円
	同居老親等	58万円

れぞれ見ていきましょう。

・**扶養控除**

16歳以上の子どもや親を養っている人は、所得から38万〜63万円が引かれる「扶養控除」を受けられます。**年収の高いほうが、子どもや親を扶養に入れる**のがいいでしょう。

・**医療費控除**

家族全員分の1〜12月の医療費合計から保険の給付金などを引いた金額が10万円※を超えていた場合に、税金を減らせる控除が「医療費控除」です。**家計を同じくする世帯で合算できます**ので、年収が高いほうが医療費控除を申告しましょう（参考記事→**31**）。

年齢はその年の12月31日時点のものです。

※その年の総所得金額等が200万円未満の人は、総所得金額等の5％の金額となります。

所得税における生命保険料控除額

新制度（2012年1月1日以後契約）一般生命／介護医療／個人年金（3種共通）		旧制度（2011年12月31日以前契約）一般生命／個人年金（2種共通）	
年間払込保険料等	控除額	年間払込保険料等	控除額
2万円以下	払込保険料全額	2.5万円以下	払込保険料全額
2万円超4万円以下	（払込保険料×1/2）＋1万円	2.5万円超5万円以下	（払込保険料×1/2）＋1.25万円
4万円超8万円以下	（払込保険料×1/4）＋2万円	5万円超10万円以下	（払込保険料×1/4）＋2.5万円
8万円超	一律4万円	10万円超	一律5万円
上限**12**万円		上限**10**万円	

※払込保険料等とは、その年に支払った金額からその年に受けた剰余金や割戻金を差し引いた残りの金額を指す。

※5年未満の契約である貯蓄保険や団体信用生命保険、財形貯蓄制度に利用される保険などは対象外。

※「税制適格特約」を付加していない個人年金保険・変額個人年金保険は一般生命保険料控除の対象。

住民税における生命保険料控除額は計算方法が異なります。

同様の所得控除に、地震保険に加入していると受けられる地震保険料控除もあります。

・生命保険料控除

　1〜12月の間に払い込んだ生命保険料に応じて、一定の金額を契約者（保険料負担者）のその年の所得から差し引くのが「生命保険料控除」です。

　たとえば、2012年1月1日以後に契約した生命保険の年間払込保険料等が5万円の場合は、生命保険料控除額は「5万円×1/4＋2万円＝3.25万円」となり、3.25万円を所得から差し引けます。

　生命保険料控除は、あくまで契約者自身の所得控除として申告できるものなので、**年収が高いほうが家族の生命保険に加入して生命保険料控除を受ける**ことで控除の効果が大きくなります。ただし、控除額には上限があるため注意が必要です。

☞**所得税の仕組みについて覚えておきましょう**

☞**世帯全体で手取りを増やす方法を考えてみましょう**

社会保険料を安くする

標準報酬月額は年に一度見直される

会社員にとって、**社会保険料とは「健康保険料」「厚生年金保険料」「介護保険料（被保険者が40歳以上の場合のみ）」「雇用保険料」** の4つの総称です。

雇用保険料以外の3つについては、従業員と会社が半額ずつ保険料を出し合っています。加入している健康保険組合によっては、会社のほうが健康保険料を多く負担しているケースもあります。

これら3つの保険料は、それぞれ「標準報酬月額×各保険料率」の式で計算されます。

健康保険料率は、会社が属する健康保険組合（協会けんぽの場合は自治体ごと）によって決まり、厚生年金保険料は一律で18.3％（従業員負担9.15％／2022年度）と決まっていますので、**標準報酬月額を下げられれば社会保険料を安くできます**。標準報酬月額は年に一度見直され、毎年9月から翌年8月までの1年間は原則変わりません。

プラスアルファ

雇用保険料率は事業の種類によって異なります。一般の事業は従業員（労働者）負担が5/1000、会社負担が8.5/1000。
その他、「子ども・子育て拠出金」（0.36％／2022年度）もありますが、会社が全額負担しています。
（料率は2022年11月時点）

昇給や降給などで基本給等に変動があった場合は、標準報酬月額が変わることがあります。

等級	報酬月額	標準報酬月額	健康保険料（被保険者負担分）	厚生年金保険料（被保険者負担分）
23	31万〜33万円	32万円	1万5,696円 ←981円↓	2万9,280円 ←1,830円↓
24	33万〜35万円	34万円	1万6,677円	3万1,110円

出典：協会けんぽ「保険料額表（令和4年3月分から）」より一部抜粋／東京都・40歳未満の場合

標準報酬月額は、健康保険料は1〜50等級に、厚生年金保険料については1〜32等級に分けられています。自分の標準報酬月額を知りたい場合は、会社から年に一度渡される「社会保険料通知書」等で確認できます。また、加入している健康保険の保険料額表を使い、給与明細の健康保険料から逆算して確認することも可能です。

標準報酬月額の決め方と下げたときの効果

標準報酬月額は給与をもとに決められます。毎年、7月1日現在で勤めている会社において、**4〜6月に受けた給与の総額を3で割った平均金額が報酬月額となり、その額に応じた標準報酬月額が決まります。**計算には、基本給に残業手当や通勤手当など各種手当を加えた金額（臨時支給やボーナス、慶弔金品は除く）が給与とされますので、**この3カ月間残業を少なくすれば、標準報酬月額が下がる可能性があるのです。**たとえば給与の平均が33.5万円から32.5万円に1万円下がり、1等級下がった場合、年間3万円以上も社会保険料が安くなります（図表参照）。

ほかにも、標準報酬月額が下がると、認可保育園の料金が安くなるなどの効果も得られます。その一方で、健康保険から支払われる「傷病手当金」や「出産手当金」、年金の受給額も標準報酬月額をもとに計算するため、これらの金額も下がることには注意が必要です。

☞ **現在、社会保険料はいくら支払っていますか?**

☞ **社会保険料を安くすることはできそうですか?**

生涯賃金を計算する

働き方による生涯賃金の違いを知ろう

昨今共働きの家庭が一般的となり、専業主婦(夫)世帯が減ってはいますが、子どもを持つ女性にとっては、仕事に全力を尽くしたくても、男性と同じようにはできないとモヤモヤすることも多いでしょう。

家事分担や育休取得、保育所の待機児童問題など、子育てと家事と仕事の両立について、まだまだ課題は山積みです。

ひと昔前と比べ、今日ではキャリア選択の自由度が増しています。テレワークができる会社も増え、仕事をする場所も選ばなくなりました。

結婚や出産、転勤や異動など、環境が変わる中で、自分のキャリアをどう育てるか考える機会には、生涯賃金という視点も持つことをおすすめします。生涯賃金が高ければいいで終わらせるのではなく、長い時間軸で「自分はどうしたいのか」と考える参考資料にもなるからです。

	男性	女性
①卒業後、転職しながらフルタイムで60歳まで正社員　※転職は同じ企業規模間とする	2億6,910万円	2億1,730万円
②卒業後、同じ企業でフルタイムで60歳まで正社員	2億8,780万円	2億4,030万円
③卒業後、フルタイムで60歳まで非正社員	1億5,550万円	1億2,200万円
④卒業して6年間フルタイム正社員。40歳から60歳までパートタイム勤務	3,833万円	3,755万円

出典：独立行政法人労働政策研究・研修機構「ユースフル労働統計2021－労働統計加工指標集－」、厚生労働省「令和3年賃金構造基本統計調査」、厚生労働省「令和3年毎月勤労統計調査」をもとに作成

出産手当金は標準報酬月額の2/3、育休手当（育児休業給付金）は67%（半年経過後は50%）ですが、試算では半減としています。

　産業や企業規模、学歴によっても異なりますが、フルタイムの形態で正社員として60歳まで働き続けると、男女とも生涯賃金は2億円以上となります。退職金があればさらに増えます。

　また、上の図①から③のケースについて、もし30代前半に女性が合計3年間休業、そのうち2年間は出産手当や育休手当などをもらい収入が半減したと仮定すると、約600万円近く、生涯賃金が減少します。

　④のケースでは、正社員時代については年齢階級別の平均年収を用い、パートタイム勤務時代については、平均月収である9万9,532円を20年間分加算しました。正社員・非正社員と比べるとかなり少なくなっています。

キャリアを考える際はお金の視点も忘れずに

　出産後も仕事をしたいと考える人がいる一方で「できることなら仕事はしたくない、専業主婦（夫）になる

か、短時間だけパートで働きたい」という声も多く聞こえてきます。私がこうした相談を受けた場合には、**そのときの環境や価値観に応じて、働き方を柔軟に選択するのがいい**とお答えしています。ただし、その後の自分の人生を長い目で見つめてください。

やりたいことはありますか？ もしあるならば、お金はいくらくらいかかりますか？ 今の貯金でまかなえそうですか？

専業主婦（夫）の間もパート勤務している間も、キャリアは育っています。

かつて会社員だった私は、仕事のストレスも多くスーツが血だらけになるほどアトピー性皮膚炎に悩まされ、結婚して即専業主婦の道を選びました。その後ゆっくり休んだことで心身ともに健康になったため、その選択は正解だったと思っており「どんなときも働くべき」とは全く思っていません。人生にはお休みも必要なのです。

その後の人生を考えて、どの時期にどのように働いて必要なお金を手に入れようかとイメージしましょう。そして具体的な計画を時系列に立てることで、イメージを実現できる可能性がぐんと高まりますよ。

☞ **生涯賃金について考えてみましょう**
☞ **今後の働き方の希望や理想を考えてみましょう**

「**扶養家族**」という壁 ▶ (#キャリア形成) (#わたし資産)

103万円の壁を
気にしないで働く

用語解説

□103万円の壁
年収が103万円を上回ってしまうと世帯主の扶養から外れ、前より多く働いても世帯の手取り年収が減ることがあるため、それ以上働く意欲が持てなくなることを「壁」と表現しています。

〜 103万円の壁って何？

　多くのパートタイマーが気にしている「103万円の壁」。扶養には「税法上の扶養」と「社会保険上の扶養」の2種類があり、「103万円」という区切りに影響しているのは「税法上の扶養」。年収が103万円を上回ると、所得控除のひとつである配偶者控除を受けられなくなり、扶養者の所得税と住民税が上がってしまうと思っている人が多いようです。

　実際には、103万円を上回っても税金面での影響は大したものではありません。103万円を上回ると配偶者控除の代わりに配偶者特別控除を受けられるようになり、配偶者の年収が150万円に達するまでは扶養者の手取りは変わらないからです。150万円を超えると少しずつ配偶者特別控除の金額が減っていき、201万円を超えると全く受けられなくなります。

　また、そもそも扶養者の年収が1,195万円（会社員

の場合※）を超えている場合は、配偶者控除も配偶者特別控除も受けられないため、103万円の壁は関係ありません（194〜195ページ参照）。

気にしたほうがいい人は「配偶者手当」がある人

配偶者控除を受けている人の中で「**103万円の壁**」を気にしたほうがいいのは、**扶養者が毎月会社から「配偶者手当」をもらっている場合**です。人事院「令和3年職種別民間給与実態調査」によると、何らかの家族手当を導入している企業の割合は74.1％。導入している会社のうち約45％が配偶者の年収が103万円まで、約37％が130万円まで、約7％が150万円までとしており、103万円を超えると家族手当がもらえなくなる人は多いようです。

家族手当の相場は、月1万円〜1.5万円程度といわれており、もらえなくなると、年12万〜18万円もの手取りが減ってしまいます。

パートで働く場合、扶養者が配偶者手当をもらっているか、またもらっている場合は年収いくらになるともらえなくなるのか、チェックするようにしましょう。

※扶養者の合計所得金額が1,000万円を超えると配偶者控除・配偶者特別控除を受けられなくなります（年収と所得は異なります）。

☺Action!

 ☞ 103万円の壁で影響を受けそうですか？
☞ 配偶者手当をもらっているか調べてみましょう

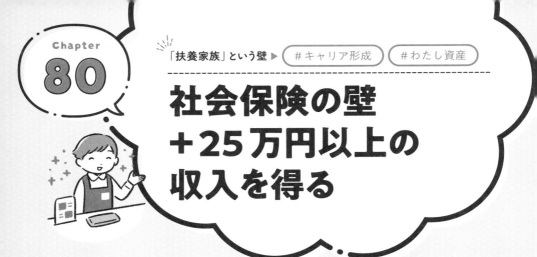

「扶養家族」という壁 ▶ #キャリア形成 #わたし資産

社会保険の壁 +25万円以上の 収入を得る

プラスアルファ

厚生年金加入者の配偶者が、社会保険上の扶養に入ると「第3号被保険者」となります。

プラスアルファ

従業員101人以上の会社に勤めている人のうち、対象となるのは、収入が月8万8,000円以上の人、2カ月を超える雇用の見込みがある、所定労働時間が週20時間以上、学生ではない場合です。また2024年10月からは、従業員が51人以上の会社に勤める人も「106万円以上」となります。

社会保険の壁を超えるとどうなる？

扶養者が会社員や公務員の場合、自分の年収がある金額になるまでは、扶養者の「社会保険上の扶養」に入れるため社会保険料を払わなくて済みます。

ところが年収が130万円以上となると、本人に健康保険や厚生年金に加入することが義務付けられ、給与から社会保険料が差し引かれ手取りが減ってしまいます。従業員が101人以上の会社に勤めている場合は「106万円以上」で対象となります。社会保険料が差し引かれるイメージを見てみましょう。

＜社会保険料が引かれて手取りが減る例＞

年収105万円	➡ 社会保険料	0 円
年収106万円	➡ 社会保険料	約14.9万円（年間）

協会けんぽ「保険料額表（令和4年3月分から）」より／東京都・40歳未満の場合

たとえば、年収106万円以上で社会保険加入の対象となる人が、年収105万円から106万円になった場合、発生する社会保険料は年間約14.9万円。収入は増え

るのに、手取りは年収105万円のときと比べて約15万円も減るのです（税金等考慮せず）。

プラス25万円を目指せば手取りが減らない

ギリギリ106万円を上回りそうな人は、働き方を見直して、いっそ壁を飛び越え年収を増やすことをおすすめします。できるだけ手取りを減らしたくない人が、目標とするといい年収目安を試算しました。ざっくりと「プラス25万円を目指す」と、社会保険加入直前時の手取りとギリギリ同水準になります。

＜目標としたい年収目安（扶養者が会社員の場合）＞

> 106万円から社会保険加入の企業
> ➡ 106万円未満もしくは124万円超
> 130万円から社会保険加入の企業
> ➡ 130万円未満もしくは154万円超
>
> ※試算結果は目安

社会保険加入のメリットも理解した上で、「どのような生活を送りたいか」「手取りが減ることにどのくらい抵抗があるか」「これからどのように生きたいか」の3つの視点で、自分に合う働き方を選んでください。

配偶者が自営業の場合は、そもそも社会保険上の扶養に入れないため、自分で社会保険に加入したほうが、世帯の手取りは増えることが多いでしょう。

他にやりたいこと、するべきことが多い人もいるでしょう。数字で具体的に考えてみて、今の自分には無理だと思ったら、社会保険加入となる年収ギリギリではなく、少し少なめにシフトを組むのが安心です。

◎Action!

☞ **パート勤務の人は、年収の目標を立てましょう**
☞ **これからどんなふうに働いていきたいですか?**

「扶養家族」という壁 ▶ #キャリア形成 #わたし資産

社会保険に入る
メリットを理解する

病気・出産・障害に対する保障が増える

一定の年収を超えて社会保険に入ると、保険料がかかるものの、メリットも多く得られます。

①病気やケガで働けない間の手当がもらえる

会社員や公務員が入る健康保険には「傷病手当金」という制度があります。これは、病気やケガで連続3日以上会社を休んだ場合に、4日め以降の休業に対して受けられる手当です。給与の約3分の2の金額を、通算して最大1年半もらうことができるため、長期療養になっても安心です。

②出産で働けない間の手当がもらえる

出産のために産休を取り給与の支払いがない場合、出産手当金が支給されます。金額を求める計算式は傷病手当金と同じです。

③障害を負った場合、国民年金加入時よりも保障が手厚くなる可能性がある

厚生年金に加入すると、障害等級1・2級の場合に

プラスアルファ

傷病手当金・出産手当金ともに、1日当たりにもらえる金額は「支給開始日以前12カ月間の各月の標準報酬月額の平均額÷30日×2/3」です。

プラスアルファ

出産手当金は出産の日（実際の出産が予定日後のときは出産予定日）以前42日（多胎妊娠の場合98日）から出産の翌日以後56日までが対象です。

厚生年金加入により増える年金額（月額）の目安

加入期間＼年間給与	120万円	150万円	200万円
1年	500円	600円	800円
5年	2,500円	3,200円	4,300円
10年	5,000円	6,400円	8,700円
15年	7,500円	9,600円	1万3,000円
20年	1万円	1万2,900円	1万7,400円
25年	1万2,500円	1万6,100円	2万1,800円
30年	1万5,000円	1万9,300円	2万6,100円

出典：厚生労働省「社会保険適用拡大ガイドブック」

障害基礎年金に加え、障害厚生年金の上乗せがあります。また、3級やそれより軽い一定の障害の場合、国民年金加入だと受けられない手当金を受けられることがあります。

国民年金に加え厚生年金を受給できる

厚生年金に加入することで、65歳以降にもらえる年金が増えます。国民年金（老齢基礎年金）に上乗せされる老齢厚生年金は厚生労働省のホームページで確認することができます（図表参照）。

たとえば年収120万円で50歳から15年間厚生年金に加入した場合、月額7,500円、年額9万円も年金が増えることになります。終身ずっと9万円多く年金がもらえるのはうれしいですね。

☞ 健康保険や厚生年金のメリットは理解できましたか？
☞ メリットも踏まえ、どう働いていきたいか考えてみましょう

それぞれの事情や考え方によって、扶養に入る選択もあるでしょうが、元気で働ける身体と時間があるのならば、社会的に自立するためにも、加入できるまで働く時間を増やすことをおすすめします。
何が起こるかわからない長い人生です。自分の保障とキャリア選択の幅を広げておくと、心の安心につながりますよ。

103万円・106万円・130万円の「壁」

パートで働く場合、いくらくらい稼ぐか悩む人はとても多いです。なぜなら、自分の年収が「壁」と呼ばれる金額を超えると、配偶者の扶養から外れたり自分で納める税金が発生したりするからです。ここでは、その「壁」の正体をよく見極めてみます。配偶者の扶養には、税法上の扶養と社会保険上の扶養があり、それぞれ内容が異なります。「壁」を超えて働くか、「壁」の範囲内で働くか、どちらが自分にとっていいか考えるために、「壁」を超える影響について理解することが大切です。

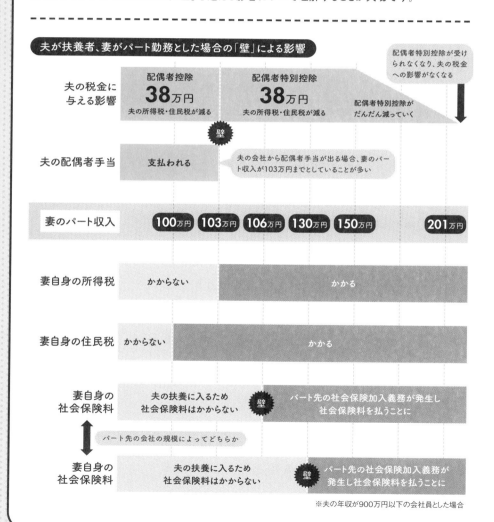

夫が扶養者、妻がパート勤務とした場合の「壁」による影響

夫の税金に与える影響	配偶者控除 **38万円** 夫の所得税・住民税が減る	配偶者特別控除 **38万円** 夫の所得税・住民税が減る

配偶者特別控除が受けられなくなり、夫の税金への影響がなくなる

配偶者特別控除がだんだん減っていく

夫の配偶者手当 支払われる

夫の会社から配偶者手当が出る場合、妻のパート収入が103万円までとしていることが多い

妻のパート収入 100万円 103万円 106万円 130万円 150万円 201万円

妻自身の所得税 かからない／かかる

妻自身の住民税 かからない／かかる

妻自身の社会保険料 夫の扶養に入るため社会保険料はかからない／パート先の社会保険加入義務が発生し社会保険料を払うことに

パート先の会社の規模によってどちらか

妻自身の社会保険料 夫の扶養に入るため社会保険料はかからない／パート先の社会保険加入義務が発生し社会保険料を払うことに

※夫の年収が900万円以下の会社員とした場合

	税法上の扶養	社会保険上の扶養	その他
103万円の壁を超えると?	夫が配偶者控除を受けられなくなる➡影響は大きくはない	——	夫の会社に配偶者手当がある場合は、受け取れなくなる可能性がある➡影響大
106万円の壁を超えると?	——	パート先の会社規模によっては、社会保険加入義務が発生し、夫の扶養から外れ、妻自身で加入する必要が生じる➡影響大	——
130万円の壁を超えると?	——	夫の社会保険上の扶養から外れ、妻自身で加入する必要がある➡影響大	——
150万円の壁を超えると?	配偶者特別控除が満額受けられなくなり、妻の年収増に伴い、控除が減っていく➡影響は大きくはない	——	——

扶養者が配偶者控除、配偶者特別控除を受けられるかどうか早わかりチャート

税法上の扶養である「配偶者控除」「配偶者特別控除」は、扶養者の年収が給与所得のみの場合、1,095万円（合計所得金額900万円）を超えると満額を受けられなくなり、1,195万円（合計所得金額1,000万円）を超えると、控除自体を受けられなくなります。

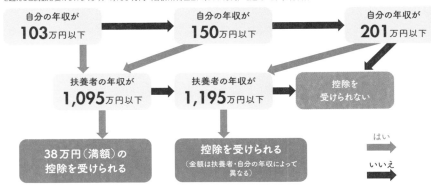

いくら稼ぐか考えるときのステップ

1 パート先の社会保険加入要件（年収いくらから入るか）を調べる

106万円から加入の場合は、125万円以上働けるなら手取りは増える
130万円から加入の場合は、155万円以上働けるなら手取りは増える

2 扶養者の勤務先に配偶者手当があるか調べる

配偶者手当の金額から影響度を考える

3 扶養者の年収を調べ、稼ぎを増やした場合の配偶者（特別）控除の影響を計算する

社会保険に加入すれば、自分自身の保障が大きくなり、老後の年金もアップ！
長い目で見て、自分自身の今後のキャリアを考えることが大切です。

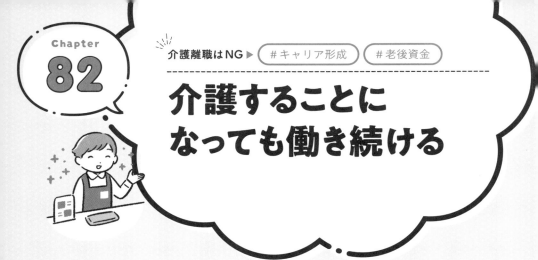

介護離職は NG ▶ #キャリア形成 #老後資金

介護することに なっても働き続ける

プラスアルファ

年代別の人口に占める要介護認定者の割合は、80〜84歳は26.4％、85歳以上になると59.8％と10人に6人近くにのぼります（厚生労働省「介護給付費等実態統計月報」、総務省「人口推計月報」の各2021年10月データを参照）。

プラスアルファ
※

この冊子には、実際に仕事と介護の両立を実現している方の事例が紹介されています。ケアマネジャーの役割や活用方法についても深く理解できます。

介護にはいつか終わりがくる

今後、仕事と介護の両立に悩む人はますます増えるでしょう。私もその1人です。介護経験のある人、地域包括支援センターの相談員、みなが口にするのが「仕事は辞めないで」、「介護にはいつか終わりがくる。終わったあとのことを考えて仕事を続けよう」という言葉。**「絶対に仕事はやめないよう準備をしよう」**と誓いました。

厚生労働省の冊子「平成29年度版『仕事と介護両立のポイント※』」によると、介護の当事者となったら自分で抱え込まずに、**会社の上司や同僚、人事部や地域包括支援センター、ケアマネジャー、近所の人などにどんどん頼ること**、仕事を続けたいという意思をはっきり伝えること、介護を最優先しようと考えずに、自分の時間を確保することが大切だそうです。

まだ介護が始まっていない人も、**介護保険制度や介護サービス、両立支援制度の概要を把握し、介護に直面したときの相談窓口を知っておくことが大事です。**

介護を行う労働者が利用できる主な制度・公的給付

介護休業	要介護状態にある対象家族1人につき通算93日まで、3回を上限として、介護休業を取得することができる
介護休暇	通院の付き添いや介護サービス利用の手続などのために、対象家族1人につき年に5日まで1日単位または時間単位で取得できる
短時間勤務等の措置	介護休業とは別に、時短制度やフレックスタイム制度、時差出勤制度等のいずれかを利用できる
所定外労働の制限	1回につき1カ月以上1年以内の期間、残業免除を請求できる。請求できる回数に制限はない
介護休業給付	雇用保険の被保険者が要介護状態にある家族を介護するために介護休業を取得した場合、原則として介護休業開始前賃金の67％が支給される

会社員の仕事と介護の両立を支援する制度

　会社員が取得できる「介護休業」は介護を行う期間だけでなく、介護体制を整える準備期間やケアマネジャーなどへの相談、申請手続きなどのためにも活用でき、要件を満たせば介護休業給付も受け取れます。また、丸一日休まなくても対応できることであれば、時間単位で取得できる「介護休暇」が便利です。有給休暇が多くある場合などは、介護の状況を伝え休みを取る方法を上司や人事に相談するのがいいでしょう。

☞ **介護をする状況をイメージしてみましょう**
☞ **今から準備できることは何か考えてみましょう**

用語解説

□ケアマネジャー

介護を必要とする人や介護する家族の状況や希望、困っていることなどを把握し、必要なサービスを受けられるように介護の計画を立てて、介護サービス事業者などとの連絡・調整をする専門職のこと。

介護について相談したいときは親の住む自治体の「地域包括支援センター」へ。介護保険サービスの利用手順など丁寧に教えてくれます。

持続可能な家計運営 ▶ #キャリア形成 #老後資金

60歳以降も働くためのプランを考える

60歳以降の選択肢は4つ

いまや60〜64歳の男性の8割以上、女性の6割以上の人が、65〜69歳も男性6割以上、女性4割以上の人がなんらかの仕事についています[※]。

では60歳以降には、どのような仕事の選択肢があるでしょうか。

<60歳以降のキャリアの選択肢の例>

・同じ会社で働き続ける(定年延長・再雇用)
・別の会社に就職する
・フリーランスになる、起業する
・パート、アルバイトとして働く

現在は、60歳以降も本人が希望すれば65歳まで働けるようになっています。再雇用を選んだ場合、同じ業務にもかかわらず給与が下がったり、かつての部下が上司になることもあったりと、状況によっては仕事が楽しくなくなることもあるようです。一旦再雇用を選んだけれど、起業したり別の会社に就職したりする

※内閣府「高齢社会白書」令和4年版より

プラスアルファ

定年廃止や、定年を65歳以上70歳未満とする会社もありますが、多くの会社では継続雇用制度を導入しており、再雇用を選ぶ人も多いでしょう。また2021年4月からは、70歳までの就業機会の確保が会社の努力義務となったため、今後は65歳以降も同じ会社で働く人が増えるかもしれません。

人もいます。

　別の会社に就職したい場合、シルバー人材センターやシニア向け求人情報サイト、人材紹介会社やハローワークで探せますが、卓逸したスキルや専門性がない限り、高齢社会の今、希望に沿う仕事がすぐには見つからない現実があるようです。スムーズに見つかる方法は、それまでに培った人脈を通じての仕事の紹介といわれています。

最低限、稼ぎたい金額を算出する

　60歳以降に仕事が見つからず焦らないように、50歳になったら準備を始めてみましょう。具体的には

・60歳以降の選択肢を書き出す

・人とのつながりを大事にする

・やりたいことを考え、必要なスキルを身につける

・自分の専門性とウリを見極めて高める

・家計の棚卸しをして、60歳以降に最低限稼ぎたい
　金額を計算する

が挙げられます。

　60歳以降も働く理由として多くの人が挙げるのは「生活費を得たいから」でしょう。仕事を選ぶ上でも、いくら稼ぎたいかを早めに知ることが大切。家計を棚卸しして算出しましょう（参考記事→**19**）。

さなえ先生の本音

仕事は人とのつながりからやってくると実感しています。仕事、趣味の仲間や学生時代の友人、その知人の方など。専門性や資格も大切ですが、人とのつながりを大事にすることが一番大切だと個人的には思います。

☺Action!

☞ **60歳以降はどのように働きたいですか?**

☞ **友人や家族とも60歳以降のプランについて話してみましょう**

Chapter 84

持続可能な家計運営 ▶ ＃キャリア形成 ＃わたし資産

ずっと稼ぐために
自活力をつける

〜 最低限自分のことは自分でする

　老後を不安に思う主な理由は、お金が足りなくなるかもしれないこと。それなら、**働いて収入を得る方法を探るのがベスト**です。夫婦であれば、月8万円得たい場合、1人月4万円ずつ稼げばいいので、細く長く続けられそうです。

　しかし中には、家事をすべてパートナー任せにして、1人では洗濯機も回せない人もいるようです。これでは、相手は仕事に加えて家事まで上乗せされるという不公平感を持つかもしれませんし、時間の制約が1人にかかることで十分に働けないかもしれません。

　家事ができないと思い当たる人は、老後2人で稼いでいくためにも、そして、熟年離婚を避けるためにも、最低限、自分のことは自分でするように意識しましょう。一言で家事といってもいろいろあります。いわゆる「名もなき家事」にも気づいて率先してやりたいもの。気がつくのが苦手であれば「何かやることある？」と聞くようにするといいですね。

たく子先生の本音

夫婦でともに家事をしていくには「こだわりを捨てる」「相手に感謝する」のがコツ。洗濯物の畳み方や料理の仕方など、互いにやり方が違って当たり前。わが家でも互いに認め感謝の気持ちを持って「ありがとう」と口にすることにしています。

＜名もなき家事の一例＞

- 洗面所やトイレのタオルの交換
- トイレットペーパーや洗剤などの補充
- 各部屋のごみ箱のごみを集めて分別、集積所に出す。新しいごみ袋をセットする
- 家具の上部、家電まわりのホコリを取る
- 冷蔵庫の中を整理する
- 麦茶を作る・ビールを冷やす
- 買ってきたものをしまい、買い物袋を片付ける

入院や介護リスクが高まる

どちらか一方が、家事が好きでちっとも苦にならない場合でも、2人ともが自活力をつけることは大切です。なぜなら、老後は病気やケガをして入院したり、介護が必要となる可能性が高まるから。パートナーの突然の入院や介護が必要な状態になって初めて、新しいことを覚えるのはとても大変です。**元気なうちに、生活していくための最低限必要な家事だけはできるようになっておきましょう。**

2人でコミュニケーションを取り、ともに家事をして働き続けることで、愛情という無形資産も増やせるでしょう。自分のことは自分でした上で、少しだけでも相手が助かることを互いにできたら、すべてがいい方向に回ると私は思います。

☞ 夫婦で家事をともにやっていますか?
☞ 名もなき家事、気がついていますか?

持続可能な家計運営 ▶ #キャリア形成 #子育て

パパも育休を取る

パパも育休を4回取れるように

育児・介護休業法が改正され、2022年10月から育休制度が大きく変わりました。「産後パパ育休」と呼ばれる出生時育児休業制度では、**ママが出産したあと8週間以内に、パパが2回まで（合計4週間まで）会社を休めます。**

これとは別に、**子どもが1歳になるまで取れる通常の育休も2回に分割すること**ができるので、合計4回、取れるようになりました。通常の育休と同様に、産後パパ育休を取った場合でも要件を満たせば育休手当（出生時育児休業給付金）をもらえます。

また、パパも育休を取れば「パパ・ママ育休プラス制度」を使えるため、保育所に入所できないといった事情がなくても、育休を1歳2カ月まで延長できます。

子育ては2人でするもの

パパが育休を取ったら、ぜひ1日でもいいのでワンオペを経験してみてください。驚くほど休めないこと

プラスアルファ

これらの法改正によって、会社にも育児休業を取得しやすい雇用環境の整備が義務付けられたため、今後はより、パパが育休を取りやすくなる世の中になると思われます。

育児休業のいろいろな制度

制度名	内容
育児休業制度	・原則子どもが1歳まで取れる。ただし、特別な事情がある場合は最長2歳まで取れる ・2回に分割して取れる（取得の際それぞれ申し出る）
産後パパ育休 （育児休業と別に取れる）	・子どもの出生後8週間以内に4週間まで取れる ・2回に分割して取れる（まとめて申し出る必要あり）
パパ・ママ育休 プラス制度	・両親がともに育児休業を取る場合、子が1歳2カ月に達するまで育児休業期間が延長される

※パパ、ママそれぞれの休業期間は出生日以後の産前・産後休業、産後パパ育休、育児休業を合計して最長1年間となる。
※産後パパ育休の期間中は就業しないことが原則だが、労使協定を締結することにより休業中に就業も可能。

パパが育休を4回取る例

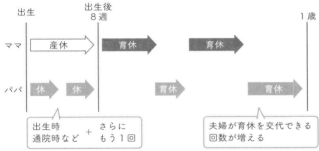

出典：厚生労働省リーフレット「育児・介護休業法改正ポイントのご案内」をもとに作成

に気づくはずです。地域によってはまだまだ厳しい保育所探しも、2人でしたいものですね。

　また、パパが産後パパ育休や育休を取る際には、事前に時期や期間など、ママに希望を確認するようにしましょう。たとえばママが復職する直前や、保育所の慣らし保育のときなどにパパが家にいてくれるのはかなり心強いでしょう。

 ☞ 子どもが生まれたらパパも育休を取りたいですか?
☞ 今日から子育ても家事もともにしましょう

2人とも子育てと家事を両立できれば、片方がキャリア形成を中断することなく、共働きを続けて世帯収入を増やすことができますね。また夫婦関係も良好になるのではないでしょうか。パパの育休取得はメリットだらけなのです。

持続可能な家計運営 ▶ ＃キャリア形成　＃わたし資産

パッチワークのように
人生をまるごと楽しむ

人生はいろいろな役割で彩られている

たく子先生の本棚

人生は仕事だけではありません。ハンセン博士が示した４つの役割をいかに組み合わせて人生を過ごしたいか考えるべきなのです。

　仕事のことや、家事や子育て、介護などとの両立に悩んだとき、思い出してもらいたい考え方があります。それがアメリカのL・サニー・ハンセン博士の統合的人生設計理論です。

　この理論は、ハンセン博士が、いろんな柄が組み合わさってパッチワークが輝くように、私たちの人生もいろいろな役割が組み合わさることで美しく輝くと考えたもの。「人生を有意義な全体として織り上げる」という言葉を使って、仕事以外の役割も大切にしてトータルで考えることの重要性を説いています。その役割とは「仕事」「愛」「学習」「余暇」の４つです。

　仕事を「新たな学びの機会」ととらえ自分を高めたり、余暇の時間に学びのある趣味を始めたり。そんなふうに過ごすことで、仕事とそれ以外を切り離したりせず、人生にある役割をまるごと楽しむことができるようになりそうですね。

パッチワークを完成させよう

ハンセン博士が提示したパッチワークを完成させるための重要課題は6つあります。

< 6つの重要課題 >

1. グローバルな視点から仕事を探す
2. 自分の人生を"有意義な全体"として織り上げる
3. 家族と仕事を結び付ける
4. 多様性と包括性を重んじる
5. 内面的な意義や人生の目的を探る
6. 個人の転機と組織の変革に対処する

これを私なりに解釈すると「人生を長い目で見て、思い込みをなくし、いろいろな価値観を認めよう。仕事だけじゃなく家族も大事にしよう。フレキシブルに環境に応じて働き方も変えよう」といったところでしょうか。25年前の理論なのですが、全く古びた感じがしないですね。

60歳を超えて65歳、70歳まででも働くためにも、人生におけるいろいろな役割をまるごと楽しんで、学びや仕事、交流の場を増やしていきたいものですね。

☞ 4つの役割にそれぞれどのくらい時間を使っていますか? また、組み合わせはしていますか?
☞ 自分の理想の割合とギャップはありますか?

副業にチャレンジする

目的によって選び方が変わる

資産形成したいからといって、会社員が昇給するのは簡単ではありません。そこで**会社が認めている場合、副業で手取りを増やす方法**もいいでしょう。手取りが増える以外にも、**スキルアップにつながり、フリーランスになる足がかりになったりする**こともあります。また社外の人とのつながりが広がるのもメリットです。

一方で、副業に時間を取られ睡眠不足で本業に集中できない、家事ができないといったデメリットも。忙しさから体調を崩す、トラブルに見舞われるなどのリスクもゼロではありません。それでもやってみたいと思った人は、ぜひチャレンジしてみてください。

ルールを守って目的に合う
副業にチャレンジを

副業の目的は人それぞれ。目的によって合う副業は変わります。目的ごとに、おすすめの副業例をお伝えします。

さやこ先生の本音

専業主婦時代、夫の稼ぎで化粧品を買ったり美容院に行くのが嫌で、育児の合間にいろいろな副業にチャレンジした私。10年以上経ってFPとして独立したあとに、このとき身につけたスキルがいろいろと役立ちました。当時は稼ぎたい一心でしたが、経験というのはなんでもキャリアにつながるものだなと思います。

目的ごとにおすすめの副業例

すぐに手取りを増やしたい	・データ入力、文字起こし ・フリマ、オークションアプリ	
将来的に手取りを増やしたい	・ブログアフィリエイト ・ネットショップ運営	・YouTube配信 ・せどり
スキルアップをしたい	・翻訳　　・執筆 ・セミナー講師	
趣味を活かしたい	・写真販売 ・ハンドメイド物販 ・LINEスタンプ販売	・イラスト販売 ・レシピ販売
すきま時間を活用したい	・ポイントサイト ・アンケートモニター	

用語解説

□せどり

商品を仕入れ額よりも高額で販売してその差額で利益を得ること。

　すぐに手取りを増やしたい人は、報酬は高くないものの、初心者でもできる副業がいいでしょう。将来的に手取りを増やしたいなら、準備と軌道に乗せるまで時間がかかるけれど、手取りアップを目指せる可能性のある副業を。スキルアップしたい人は、持っているスキルを活用できる、また、将来的に取り組みたい仕事で探すと◎。趣味を活かしたいなら、主にコンテンツ販売にチャレンジを。人気が出れば本業にする道筋ができるかもしれません。

　どの副業も、知らずにルール違反をしてしまったり、報酬未払いや怪しい情報商材に遭うなど、トラブルに発展することがあり得ます。始める前にしっかり調べて対策を講じることが大切です。なお、**本業以外に年20万円以上の所得があると確定申告が必要となります。**

最初はほんの少ししか稼げないもの。生活に支障をきたさない範囲で、楽しくチャレンジしてみてくださいね。

用語解説

□所得

「収入」から収入を得るためにかかった「経費」を差し引いたもの。

☞ **どんな目的で副業をしてみたいですか?**
☞ **やってみたい副業はありましたか?**

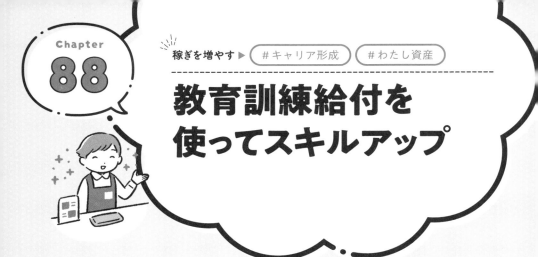

教育訓練給付を使ってスキルアップ

意外と知られていないお得な制度

教育訓練給付制度を知らない会社員はとても多いと感じています。これは、**対象の講座を受講・修了すると、講座の種類によって、受講費用の20〜70％までの給付を受けられる**、とてもお得な制度です。雇用保険に原則3年以上（初めての利用であれば1年以上、専門実践教育訓練の場合は2年以上）加入していれば使えます。パートやアルバイト、派遣社員でも雇用保険に加入していれば使えますので、給与明細書を見て雇用保険料が引かれているか確認してみましょう。

たとえば、一般教育訓練の対象となっている10万円の簿記検定2級講座を受講・修了した場合、10万円の20％である2万円をもらえます。ただし、給付額には上限があります。

もし専門実践教育訓練と特定一般教育訓練の対象講座を受講したい場合は、受講開始1カ月前までにハローワークにて「訓練前キャリアコンサルティング」と「受給資格確認」を行う必要があります。

プラスアルファ

この制度は、離職してから1年以内の人も使えます。妊娠、出産、育児、疾病、負傷などの理由で適用対象期間の延長を申請した場合は最大20年まで延長可能となります。

教育訓練の一例

教育訓練の種類と給付率	対象講座の例
専門実践教育訓練 最大で受講費用の**70**% （年間上限56万円・最長4年）	介護福祉士、看護師、美容師、調理師など ITSSレベル3以上のIT関係資格など 専門職大学院の課程など
特定一般教育訓練 受講費用の**40**%（上限20万円）	介護職員初任者研修、税理士、大型自動車免許など ITSSレベル2以上のIT関係資格など
一般教育訓練 受講費用の**20**%（上限10万円）	英語検定、簿記検定、ITパスポートなど 修士・博士の学位などの取得を目標とする課程

　専門実践教育訓練の場合は、年56万円を上限に最長4年まで支給を受けられ、専門性の高い資格を取得できます。支給の仕組みと上限が複雑なのでハローワークで相談するといいでしょう。

専門性、スキルを身につけよう

　毎日の業務が忙しいと、なかなか自らスキルアップをしようという気持ちにならないかもしれません。しかし**雇用されているからこそ使える制度**です。土日開催の講座も多くありますので、お得に学んで、今後のキャリアアップにつなげましょう！

対象となる講座は約1万4,000。少々使いづらいですが、厚生労働省の「教育訓練講座検索システム」で探せます。興味のある資格があれば、資格学校のサイトやパンフレットをチェックするほうが早いでしょう。

☺**Action!**

☞ **教育訓練給付制度を使えそうですか?**
☞ **チャレンジしてみたい学びはありますか?**

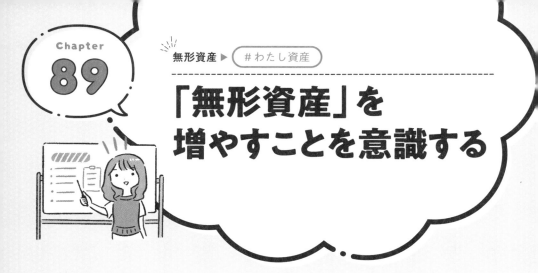

無形資産 ▶ ＃わたし資産

「無形資産」を
増やすことを意識する

お金だけでは幸せになれない

　資産には目に見える「有形資産」と目に見えない「無形資産」があり、両方とも幸せに生きる上で欠かせないものです。**資産形成を考えるとき、お金、不動産など有形資産をイメージすることが多いですが、健康や友人といった無形資産を意識し、両方をバランスよく育てることが大切です。**

　大ベストセラーである『LIFE SHIFT（ライフ・シフト）—100年時代の人生戦略』（リンダ・グラットン／アンドリュー・スコット著／池村千秋訳）から無形資産の価値についての強いメッセージを一部引用します。

　"よい人生を生きたければ、有形と無形の資産を充実させ、両者のバランスを取り、相乗効果を生み出す必要がある。"

　私も、10年以上前からライフプランセミナーで「**お金を稼ぎ貯めて増やしたからといって、幸せにはなれ**

プラスアルファ

当書では、無形資産として「生産性資産（スキル・仲間・評判など）」「活力資産（健康・友人・愛など）」「変身資産（自己理解・多様な人脈など）」の3つの資産を挙げています。

ない。そのお金を使い、健康や仲間との交流なども育てることが、長い人生、そして老後をも幸せに過ごすコツ」と話してきたため、その内容にとても共感しました。「無形資産」という言葉に表されたことによって、それらは自分で計画的に形成できるものという意識づけが、深まったように思います。

無形資産を増やすメリットとは

スキルや知識を得ること、人とのつながりを持つこと、自分の評判を高めること、自己理解を深めることは、直接、収入に結び付けられます。健康でいれば元気に働き続けて収入を得られ、余暇も全力で楽しむことができ、満たされた気持ちになれますね。"新しい経験に対して開かれた姿勢"（前述書籍から引用）を持っていれば、仕事のチャンスを獲得できるでしょう。変化する環境に適応できるスキルともいえますね。

この「チャンスを獲得する」ことに関連するキャリア理論も紹介します。1999年にスタンフォード大学のクランボルツ教授によって提唱された「プランドハプンスタンスセオリー」では、思わぬチャンスをつかむためには、「柔軟な心でどんなことにも好奇心を持ち、新しいことに前向きにチャレンジをし、あきらめずに努力を続けることがポイント」とされています。

無形資産を育てることは、老後人生を幸せに過ごすために、お金と同じかそれ以上に大切なことなのです。

この理論は、「計画された偶発性理論」と訳されたりします。

Action!

☞ 無形資産を意識したことがありますか?
☞ 増やすために今からできることは何ですか?

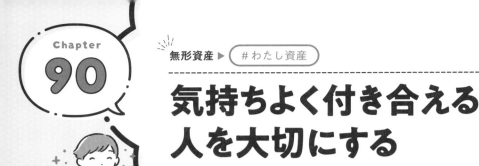

無形資産 ▶ #わたし資産

気持ちよく付き合える人を大切にする

～一緒にいて疲れる人とは距離を置く

10年少し前に同世代の親しい友人が事故で亡くなったのをきっかけに、残りの人生について真剣に考えた私は、それまでどんな人とも上手に付き合おうと頑張っていたのをパタンとやめました。**貴重な人生の時間を、できるだけ多く幸せな時間としたく、一緒にいて疲れる人とは距離を置く**ようにしたのです。

距離を置くといっても、完全に縁を切ると仕事や子ども関係にも支障をきたすことがありますから、必要に応じて、最低限の会話や食事などはしますが、極力その機会を減らすべく行動しています。

そうすると、いろいろなことがうまく回り始めました。**疲れる時間自体が減り、自分にとって一緒にいて居心地のいい人との時間を、より大切にするようになりました。**誰と付き合うか選ぶ権利も自分にあるし、自分が笑顔でいられる時間を増やすことができるのも、自分の行動次第なんです。

ささき先生の本音

イライラして子どもに当たることもなくなりました。

見返りを求めず
ギブ＆ギブのマインドが◎

　気持ちよく付き合える人との時間は、どう大切にすればいいでしょうか。人間関係や心理のプロではありませんが、私なりに大事にしていることがあります。

①相手の気持ちを考える
②約束を破らない
③感謝やお詫びなど気持ちを素直に伝える
④相手のためにできることがあれば協力する

　④は、ギブ＆ギブのマインドで、相手が喜ぶまたは助かることがあれば、自分にできることを積極的にすること。気持ちよく付き合える人と自分が感じる人とは、互いに見返りを求めずに自然と相手に協力できるため、結果的にwin-winな関係でいられるのです。

　気持ちよく付き合える人は、まさに無形資産。同世代だけでなく、いろいろな世代の人とのwin-winな関係性を築けたら、老後も幸せに暮らせるだろうなと思います。

プラスアルファ

どんな人が気持ちよく付き合える人と感じるかは、人によって異なります。1つの判断材料として、その人とは3年後も付き合っていたいかをイメージするのがおすすめ。そうイメージできる人との関係は、とことん大切にしたいですね。

さやこ先生の本音

私は初対面の人でも、基本的にはギブ＆ギブのマインドでお付き合いしますが、相手がテイク＆テイクのタイプということが次第に判明して、疲弊することもたまに起こります。

☺Action!

☞ あなたにとって気持ちよく付き合える人はどんな人ですか?
☞ 大切にしたい人を書き出してみましょう

あるある！ 稼いだのに…な私たち やってしまった！

年末調整で
お金が返ってきた
飲みに行こう〜

い〜い

年末のご褒美
みたいだよね
楽し〜

ちょっと待って。
そのお金、
ローン返済のプランに
入ってなかった？

…あれ？
繰り上げ返済用の資金、
思ったように貯まって
いないな

なんで
!?

あ〜
年末調整のお金を
使っちゃった
からだ…

けっこう
たくさん還付
されてた
のにな

どんまい…

賢く
使う

稼いだお金は、将来のために貯めたり増やしたり
するだけでなく、今はもちろん、将来にわたって幸せに
過ごすためにできることにも使いたいもの。
最後の章では、お金の賢い使い方について
紹介していきます。

お金のかけどころ ▶ （ #わたし資産 ）（ #キャリア形成 ）

自己投資に
お金をかける

さや子先生の本音

自分へのご褒美はそれまで頑張った対価としてのご褒美ですので、自己投資とは意味合いが少し異なります。ご褒美があることで、翌日からの仕事や生活にパワーが生まれ、よりパフォーマンスが上がるならば、自己投資。そのときの自分の欲求を満たしておしまいであれば、ただのご褒美です。

ただのムダ遣いにならないように注意

自己投資とは、**自分の能力やスキル、人間性を成長させるために、自分自身にお金や労力、時間という資産を投じる**ことです。私は賢いお金の使い方のひとつが「自己投資」と思っています。

自己投資で気をつけたいのは、ひとつ間違えるとただのムダ遣いになる可能性があること。自己投資する際に必ず「この投資をすればどんな未来になるのか」と考えることが大切。未来の実現が確定でない場合は、「いくらまで」と予算を決めたり、「何年まで」と期間を決めて投資するといいでしょう。

コスパのいい自己投資をする

いい自己投資というのは、**「投資の目的が明確で、成果もあるもの」**です。たとえば、将来やりたい仕事が具体的で、必要なことを学ぶセミナー参加はいい自己投資ですが、ランキング上位のビジネス書をとりあえず買い、活かせないのは悪い自己投資といえます。

＜自己投資の例＞

> ・**資格取得やスキルアップ**：スクールや通信講座
>   などを受講
> ・**学びを得ながら人脈を広げる**：読書会や勉強
>   会・セミナーへの参加
> ・**文化教養を身につけ感性を磨く**：ピアノ、茶道、
>   クラシック、歴史、伝統など文化教養を鑑賞し
>   たり学んだりする
> ・**外国語を習得**：スクールに通う、留学する
> ・**健康維持**：スポーツジムに通って運動をする
> ・**旅をする、したことのない体験をする**
> ・**外見をよくする**：美容室やエステ、ネイルサロ
>   ンに通う、洋服を購入する、歯の矯正を行う

　自己投資では、コストパフォーマンスと労力パフォーマンスの視点も大切。たとえば、文化教養を身につけたい場合、お金をかけずにYouTubeとまとめサイトで学ぶこともできますね。

　洋服を買う際は自分に自信が持てることで今後の営業業績が上がると思うのであれば◎でしょう。

　目的や成果、コストパフォーマンスを考えて、未来への活力、かけがえのない資産となるいい自己投資を見極めることが大切です。

◎Action!

☞ **今している自己投資は何ですか?**
☞ **今後してみたい自己投資は何ですか?**

お金のかけどころ ▶ (#お金の使い方)

寄付をして幸せになる

募金箱に入れた小銭は 社会のために役立つお金

　コンビニに置かれた募金箱。1人ひとりは少額でも、チリも積もればなんとやらで、たとえばセブン-イレブンの場合、全店舗の募金箱合計で、年間4億円以上ものお金が集まっているそうですよ。セブン-イレブンでは募金箱や個人、企業などからの寄付金などを、地域のNPO法人の支援、自然環境の保護保全や、災害復興支援に使っています。

　寄付とは、「お金や物品などの支援を必要としている人や会社、団体に、無償で提供すること」です。

　心理学の専門家エリザベス・ダン博士とマーケティングの専門家マイケル・ノートン氏の共著『「幸せをお金で買う」5つの授業』には、

　"新しい研究で、他人のためにお金を使うと自分自身にお金を使うよりももっと大きな幸福感が得られることが証明されています。"

とあります。貧しい国でも豊かな国でも関係なく、**他人に投資することで幸福度が高まる**のは同じという研究結果もありました。

寄付はお金持ちだけがするものでなく、お金があまりない人にとっても、幸せになるお金の使い方。もらった側も送った側も幸せになる行為なのです。

税金の使い道を自分で決められる

寄付しようと思ったら「どんなことで困っている人を支援したいか」「どんな問題を解決したいか」考えるといいですね。**寄付を受け付ける団体の活動内容を調べ、信頼できるところを選びましょう。**クラウドファンディングも寄付の1つの形といえますね。

団体によっては、寄附金控除を受けることができ、税金を減らすことができます。代表的なのがふるさと納税です。控除の対象となる主な団体は、国や地方公共団体、特定NPO法人、認定NPO法人、公益社団法人、公益財団法人などですが、寄付の内容によっては対象にならないものもあるので、確認しましょう。

寄付すると税金を減らせるということは、自分の税金の一部を、自分で選んだ支援先に使ってもらうことを意味します。税金の使い道を指定できるのも、寄付のメリットといえるでしょう（参考記事→**32**）。

寄付には、「1回だけ」のものと、定期的に寄付する「定額」のものがあり、定額タイプのものは、指定した口座やクレジットカードで一定額を毎月寄付できます。

☞ **寄付をしていますか?**
☞ **どんな問題を解決するのに貢献する寄付をしたいですか?**

Chapter

93

お金を払って相談する

無料相談のウラには何かある

家計、住宅、保険、経営など、生活上で困ったことや知りたいことがあるときに、無料相談に行ったことはありますか？　実は無料でサービスを提供するにはわけがあります。

たとえば、モデルルームで住宅購入相談に無料で応じるFPの場合、その家が売れると代金の一部を紹介料として受け取ることがあるそうです。相談者には高すぎる家でもすすめてしまうこともありそうですね。また保険の無料相談でも、商品ごとに販売手数料が異なるため、同じくらいの保障でもっといい商品があっても、手数料が高い商品を積極的にすすめるかもしれません。もちろん、そうでないFPも多くいますが、見抜くのは難しいのではないでしょうか。

このように無料相談だと、自分にとって本当に必要で合うものか、正確に判断できない可能性があるのです。タダより怖いものはありません。商品やサービスを選ぶときは、お金を払って相談したほうが安心です。

さや子先生の本音

心優しい人だと「無料で相談に乗ってもらって申し訳ない」と感じ、他の商品と比較検討せずに決めてしまうかもしれません。よく検討を。

無料相談したいなら公的機関へ

　相談をしたくても、お金に困っているときや、どこに相談していいのかわからないとき、どんな問題が生じているのか自分でわからないときもあります。

　そんなときは、公的機関の無料相談窓口を活用しましょう。たとえば、**市役所など**では、病気や失業などで生活に困っている生活困窮者のサポートをしています。**金融庁の金融サービス利用者相談室**では、預金や融資、投資に関するトラブルの相談ができます。

　法律的な相談なら、「**法テラス**」で悩みの整理や解決方法のアドバイス、また誰に相談したらいいのか教えてもらえます。経営の相談なら、商工会議所や、国が設置した「**よろず支援拠点**」や「**中小企業基盤整備機構**」でも無料相談が可能です。

　また、民間の専門家に相談したいとき、まずは「人として信頼できるか」「相談したい内容に詳しいか」を判断したいですよね。相談前にその専門家のホームページを見て、売っている商品やサービスをチェック。無料相談にどんなウラがあるか想定しておくと安心です。

さや子先生の本音

友人に専門家がいる場合、気軽に相談することがありますよね。時間をかけずにそのときの知識だけで答えられる場合は問題ありませんが、他の業務時間を削って、調べなければならないこともあります。友人だからこそ、しっかりと対価を払って相談したいものですね。

プラスアルファ

厚生労働省のホームページに相談窓口がまとまっているページがありますので、活用してください。
「まもろうよこころ」
困った時の相談方法・窓口

☺Action!

☞**無料相談したいことはありますか?**
☞**近くの役所(役場)にどんな相談窓口があるか調べてみましょう**

お金のかけどころ ▶ ＃お金の使い方

専業主婦(夫)も
お小遣い制にする

お小遣い制にするメリット

　自身の仕事での収入がない専業主婦・主夫も、毎月一定の金額を家計からお小遣いとしてもらうことをおすすめしています。実際、お小遣い制を取り入れている家庭は少なくなく、専業主婦のお小遣いについて調査したあるアンケート結果※によると、全体の73％の人が一定金額のお小遣いを毎月もらっているそうです。

　お小遣い制をおすすめしている理由は、そのほうが家計のやりくりがラクになるから。また、お小遣いという枠組みを定めることで、使いすぎを防ぐことができ、貯蓄が増える可能性もあります。たとえば友達とのランチ代、身なりを整えるお金に加え読書やゲームなどの趣味、また習い事に通うお金がかかる人でも、予算を決めてお小遣いとして毎月渡してもらうようにすれば、使いすぎることがなく安心です。

　また、お小遣いを家事や子育ての対価としてとらえれば、パートナーに養ってもらっていると気おくれせずに、お金を気持ちよく使えるようになりますよ。

※出典：「妻のお小遣い額とその使い道についてのアンケート調査」2019年10月株式会社ビズヒッツ

お小遣いは余剰資金の中でコントロール

手取り収入			
住居費	基本的生活・学校にかかるお金	コントロール可能なお金	貯蓄
・(賃貸の人は)家賃 ・管理費 ・住宅ローン返済 ・修繕積立金 ・固定資産税、都市計画税	・食費 ・水道光熱費 ・通信費 ・日用品費 ・学費 ・必要な保険料	・子どもの習い事 ・娯楽費 ・被服費 ・交際費 **・お小遣い** **余剰資金**	・大学資金 ・住宅資金 ・老後資金 ・夢資金

お小遣いの金額の決め方

手取り収入や子どもの有無といった環境によっても、家庭に見合う金額は異なりますので、自分たちの家計の状況をみながら、パートナーと2人で話し合って決めるといいですね。

お小遣いは家族の娯楽費や被服費、交際費と同じように、家計の中の「コントロール可能なお金」です。 まず、手取り収入から、必要な貯蓄分と住居費、基本的生活費と学校にかかるお金を引いて、コントロール可能なお金を算出します。その中で、他の項目とのバランスを考えて、2人のお小遣いとその配分を話し合いましょう。

さや子先生の本音

専業主婦時代、ママ友との付き合いで、ランチ代や化粧品代、洋服代がかさみ、気づくとひと月に結構な金額を使ってしまい、罪悪感がつのっていた私。あのときお小遣い制にしておけば、罪悪感も減り、どんぶり勘定の私でもきっと予算内で抑える工夫をしたのでは?と思います。

☺Action!

☞ お小遣い制を採用していますか?
☞ 使いすぎることがなく貯蓄できていれば、お小遣い制にしなくてもOK!

休日の予定を
予算内で
子どもが計画する

さやこ先生の本音

すべての計画を任せるのは難しいもの。お出かけ先でかかるお金や交通費などは一緒に調べる必要があります。自分で計画するよりも手間に感じる人が多いと思いますが、できるだけ優しく見守ってあげましょう。
また、すべて任せなくても、行きたい場所ややりたいことを子どもに提案させ、どのくらいお金がかかるかを一緒に調べるだけでもOK。予算オーバーの場合は、何を減らそうかと一緒に考えるといいですね。

子どもにすべて任せるメリット

　子どもがいると、休日に家族でお出かけすることが多いもの。プランを考えるのは大変ですし、子どもにねだられてお金がかかるのも憂鬱、子どもから「つまらなかった」といわれてイラっとすることもあります。

　そんなお出かけの悩みは、時々「子どもにお出かけの計画を1日の予算内で任せる」ことで解決できます。しかも、マネー教育の視点でもメリット大。

　メリットは3つあります。1つめは、子ども自身が**「使えるお金には限りがあることがわかる」**こと。親からいわれた予算の中で計画する際、お出かけ先にかかるお金だけでなく、交通費や食事代などもかかることを知り、やりたいことをすべて叶えるのは難しいことを実感します。

　2つめは**「世の中のサービスにかかるお金がわかる」**こと。親と一緒だと、入場料がいくらかなんて子どもは気にしません。家族全員分の入場料を知ると、予想以上にかかっていることにビックリするでしょう。

　また、計画を立てるうちに、同じような内容でも、サービスごとに値段が違うこともわかります。

　３つめは「**使える時間にも限りがあることがわかる**」こと。１日ではやりたいことすべてはできないことを知り、１分１秒の大切さを学べます。

長い目で見ると貯蓄力アップに つながる

　計画を任せると、子どもにお金や時間の大切さを伝えられるだけでなく、家計にもいい影響があります。

　予算内で過ごせるため、予算を立てないときより支出を減らせます。また子どもも、予算内でお金を使う視点を持つようになり、その後親におねだりすることが減るでしょう。また、予算以上にお金がかかることをしたいときが出てきたら、少しずつお金を貯めておけばできることに気がつき、そのために、ムダ遣いを減らそうとするはずです。長い目でみたら、家族みんなの貯蓄力アップにもつながるはずです。

　計画を子どもに任せたお出かけから帰ったら、子どもに「計画してくれてありがとう」と感謝の気持ちを伝えましょう。家族が笑顔で喜んでくれた経験は、子どもの自信にもつながりますよ。

☞ 子どもと一緒にお出かけの計画を立ててみましょう

☞ 時々、予算内で計画を任せてみましょう

無形資産 ▶ 　#わたし資産　 　#お金の使い方

健康管理に
お金をかける

用語解説

□平均寿命

0歳における平均余命のことを指します。平均余命とは、その年齢においてあと何年生きられるかという期待値のこと。ちなみに60歳時点の平均余命は男性24.02年・女性29.28年。
出典：厚生労働省「令和3年簡易生命表の概況」

用語解説

□健康寿命

健康上の問題で日常生活が制限されることなく生活できる期間のこと。
出典：厚生労働省「健康寿命の令和元年値について」

健診で身体を知って予防する

　幸せに暮らすためには、お金だけでなく健康でいることも欠かせません。身体を壊せばおいしいものを食べたり、友達と自由におしゃべりすることもままならなくなります。仕事ができず収入がなくなる上に、医療や通院にお金がかかり資産は減ってしまいます。

　日本人の平均寿命は男性81.41歳・女性87.45歳ですが、健康寿命は男性72.68歳、女性75.38歳（令和元年）。要するにこの差である**10年前後は、日常生活に制限が生じて誰かの助けを必要とする可能性がある**のです。お金をかけてでも、この不健康な期間をできるだけ短くすることがとても大切です。

　将来の医療費を減らすためにも、年一度は健康診断を受け病気の兆候がないかチェックしましょう。自覚症状のない生活習慣病などの早期発見につながります。病気リスクが高まる40歳を超えたら、健康診断だけではわからない病気の早期発見につながる人間ドックの受診が◎。全額自己負担で高額ですが、健康保険以

外に自治体の補助・助成を受けられることもあります。

歯のケア・睡眠の質の向上に お金をかけよう

　健康診断や人間ドック以外にもお金をかけたい健康管理としては、**歯のケアと睡眠の質の向上**があります。

　厚生労働省の「平成28年歯科疾患実態調査」によると、食生活に支障をきたさないために最低限残したい20本の歯を、80歳の2人に1人は保てていないそうです。歯の喪失原因の約9割が虫歯と歯周病であり、予防するためには**定期的な歯と口の中の掃除と虫歯治療**が必須。高齢になってからでなく、早いうちから歯のケアを習慣づけたいですね。

　また、質の悪い睡眠は生活習慣病リスクを高めるだけでなく、症状悪化にもつながります。慢性的な睡眠不足は、眠くて仕事などに集中できないばかりか、記憶力の低下や自律神経機能への影響も引き起こすといわれています。**睡眠を削って仕事をしているはずが、病気になったり、事故を起こしたりしてお金を失うことにつながるかもしれないのです。**睡眠の質を上げぐっすり眠るために、快眠グッズや睡眠障害の治療にお金をかけたいものですね。

さやか先生の本音

お酒が大好きな私は数年前、健康診断で「高血圧／要治療」を指摘されました。治療、毎日の血圧測定と食事管理を続け、「少々高血圧」レベルまで落とせました。今もなお気をつけています。身体のためと思ってもなかなかおいしいものを我慢できませんが、これからやりたいことを考えると、頑張ろう！と思えます。

☺Action!

☞ **定期的に健康診断を受けていますか?**
☞ **最近、歯科に行きましたか?　また、よく眠れていますか?**

無形資産 ▶ （#わたし資産）

大切な人との時間を大事にする

※トーマス・ギロヴィッチ（心理学教授）「A wonderful life: experiential consumption and the pursuit of happiness」2014年8月を参照。

さや子先生の本音

50代になり、ますます大切な人との時間にお金をかけようと思うようになりました。いつ自分や家族、友人が自由に動けなくなるかわからない、楽しめるうちに一緒に過ごしたい！と思うのです。そうして過ごした時間のことは、これからもずっと覚えていると思います。

「思い出」という資産を増やそう

モノを買うより経験にお金をかけたほうが、幸福感が高いという海外の研究結果※があります。私はその経験も、自分だけのものより、家族や友人など大切な人と一緒に過ごしたときのほうが幸福度は高いと感じています。死ぬときに思い出すのは、きっとその一緒に経験した時間じゃないかなと。

お金を使ってモノという資産を増やすのも資産形成ですが、**お金を使って大切な人と過ごした時間、すなわち「思い出」という資産を増やすのも資産形成**。ワクワクした人生には、「モノ」資産より「思い出」資産が必須です（そんなキャッチコピーも昔ありましたね）。

FPになる前の私は、欲しいモノを買ったときに幸せを感じていましたが、自分のお金の使い道にじっくり向き合うようになった今は、「いい時間を過ごしたな」と思えたときに心の底から幸せを感じ、しかもその幸せの余韻がいつまでも続くことに気がつきました。

子どもが小さいうちは 娯楽費の予算を上げる

　子育て中の人から教育費の相談をいただくときに、よく「娯楽費は減らしたほうがいいですか？」と聞かれます。**子どもが小さいうちは娯楽費の割合を上げてもいいというのが私の答えです。**子どもと一緒に過ごせる時間は、成長とともに少なくなっていくからです。

　娘たちが大学生と高校生になった今、家族みんなで遊園地や旅に行くことがほとんどなくなり、娯楽費がかからなくなりました。その分、教育費がかかっていますが、中学生くらいから、なかなか娯楽での思い出は増やせていません。今となっては、もう少しいろいろなことをすればよかった、と思うのです。

　今まだお子さんが小さい人は、ぜひ家族での思い出が増える娯楽費に予算をかけてほしいです。そしてビデオで記録することもおすすめします。娘たちによると、年齢が小さすぎて忘れてしまったことも、動画を見ることで、親と過ごした時間を知ることができて、とてもうれしいらしいですよ。

☞ **大切な人とどんな時間を過ごしていますか?**

☞ **大切な人とこれからどんなことをしたいですか?**

ギャンブルをするなら強い意志を持つ

ギャンブルで勝てることはまずない

　2016年に、カジノ施設を含むリゾート施設を作って観光客を呼び込もうという「統合型リゾート（IR）整備推進法案」通称「カジノ法案」が成立し、ギャンブル依存症を増やすのではないかなど話題になりました。今もIR事業の候補地での調整が続いています。

　資産形成をしたいのであれば、ギャンブルというのは到底おすすめできない娯楽です。 なぜなら、ギャンブルで勝てることはまずないから。立地のいいパチンコ店では月に数千万円単位の経費がかかるそうですが、そのお金をまかなうためにいかに負けさせるか工夫をしています。公営ギャンブルも同じ。総務省の公表データによると、競馬・競艇・競輪の還元率は74.8％、宝くじは45.7％、すなわち1万円払ったら返ってくるお金がそれぞれ7,480円、4,570円であり、負けるのが大前提です。

　勝てないのをわかっていても、過去の一回の成功体験がきっかけで、大金をつぎ込みたくなったり、負け

プラスアルファ

宝くじ当選金は非課税ですが、公営競技の当選金には税金がかかるため、実行還元率は58.5％です。

た分を取り返したくて一攫千金を狙ったりして、のめり込む可能性は誰でもあります。借金したり仕事に支障が出て解雇されたりする人など、ギャンブル依存症に苦しむ人や家族も多くいるのです。

貯蓄も崩さず予算を守り
楽しめる人だけの娯楽

とはいえ、娯楽のひとつとしてみると、パチンコやスロット、競馬など、とても楽しい側面もあります。ゲームが好きな人がいるように、パチンコやスロットのゲーム性が好きだったり、応援したい馬や騎手がいたりすることもあるでしょう。**お金を稼ぐ方法ではなく、お金を使う娯楽として、節度を守って付き合えるならいいのではないでしょうか。**

ギャンブルをしてもいい人とは、1日で使う予算を必ず守れる強い意志がある人です。予算を守れない人や、負けたお金をギャンブルで取り返そうとするマインドがなくせないなら、ギャンブルはすぐにやめるべきです。

貯蓄があり、勝ち負けではなく、娯楽として予算内でお金を使える人だけがギャンブルを楽しんでもよいと思います。

さわ子先生の本音

軽い気持ちでスロットを始め、5年ほどハマった経験があります。1,000円があっという間に10万円以上になったり、数時間で数万円失うなんてざらで、次第に金銭感覚が狂っていったのをよく覚えています。それでも本当に興奮して楽しい時間でした。法律が変わり、一気に10万円など稼げなくなったのをきっかけに15年以上前にやめましたが、FPとなって資産形成の大切さを知り「あのまま続けなくてよかった」と心から思っています。

©Action!

☞ ギャンブルは勝てないということを再確認しましたか?
☞ ギャンブルを楽しみたいなら予算を守れる鉄の意志を持ちましょう

人生を楽しむ ▶ # お金の使い方

人に喜ばれることに
お金を使う

もっとも気持ちのいいお金の使い方

人は、他人のためにお金を使うほうが、自分のために使うよりも幸福感が増すことが証明されています[参考記事→**92**]。

1人暮らしをしていた学生時代、お金のやりくりが苦手だった私は、食事をおごってもらうことはあっても、誰かにご馳走したことなんてありませんでした。でも社会人になって、初めて友人にご馳走し、「ありがとう」といわれたとき、それまで感じたことのない幸福感を得ました。それ以来、人が笑顔になることにお金を使おうと思うようになりました。

お金を使えば経済が回る。そして誰かの笑顔は周りを幸せにして、また誰かを笑顔にするでしょう。笑顔が増えると、心も身体も健康になるといわれています。健康になればお金も得られ、いいことずくめ。人に喜ばれることにお金を使うと、お金も笑顔も世の中に回り、回りまわって自分にも返ってきますし、人とのつながりも広がります。

さや子先生の本音

誰かにしてもらってうれしかったことを手帳や日記に書いておくのも◎。おいしかったモノなど控えておくと、自分が誰かにお金を使う際に参考にできますよ。

見返りを求める・お金の使いすぎに注意

ただし、いつでもどこでも誰にでもお金を使えばいいわけではもちろんありません。注意すべきことが2つあります。

まず、**見返りを求める**のはNG。「ご馳走してあげたのに〇〇をしてくれない」と思う可能性があるなら、やめましょう。そのあとお互いに嫌な気持ちになるかもしれないからです。ですので、もし相手が喜んでくれなかったとしても、「お金を使わなきゃよかった」と思わないようにしましょう。

もうひとつは、**お金の使いすぎはNG**ということ。

同じ人に「喜ぶなら」と何度もお金を使うと、相手もそれが当然になり、求めてくるようになって互いに嫌な気持ちになることもあります。相手によっては、お金を使ってもらっていることを迷惑行為と感じているかもしれません。また、借金してまで誰かにお金を使うなんて論外です。あくまでも、**相手も自分も笑顔になれるかどうかという視点で、お金を使いましょう。**

☞ **最近、人に喜ばれることにお金を使いましたか?**
☞ **誰かにプレゼントされてうれしかったときのことを思い出してみましょう**

やりたいことのために
お金を使おう

お金は使うためにある

お金は生きていくためには必要なものです。ですから私たちは、お金が明日以降不足しないように、計画的に使い、ムダ遣いをできるだけ減らして、貯めたり増やしたりしないといけません。

でも、そのお金は、使うために取っているのですから、最終的にはなくなるもの。お金は使ってこそ意味があるのです。

私は常々子どもに「ママは老後もやりたいことにチャレンジして、一銭も残さず使い切るからよろしくね」といっています。自分の最期は「すべてやりきった」と思って笑顔で終わりたい。その最期は明日来るかもしれない。人生は長いようで短く嵐のように過ぎていきます。

ですから、少しでも時間とお金があったら、日々更新している「やりたいことリスト」項目の中からできることに、なるべく早くチャレンジしています。

お金がなくても生きるための 「わたし資産」を育てよう

　今、やりたいことにはお金を使って後悔しない人生を送ろうとしている私が意識していることがあります。それは、**お金がなくなっても生きていける自分を育てること。そのことを「わたし資産」**と呼んでいます。

＜育てていきたい「わたし資産」＞

・困ることがあっても、卑屈にならずに、どうすればいいかポジティブに考えられる力
・行政などに助けを求める力
・困ったときに助けを求められる人脈
・少しでも稼げる力
・動けるための健康な身体

　人生の中でお金をいつどのくらい使うか、その配分を決めるのは自分次第。健康で、いろいろなことにチャレンジできる期間はわからないけれど、じっくりと自分の心と向き合って、大切にお金を使っていきましょう。そして、笑顔で楽しく「わたし資産」を育てていきましょう！

☞ **後悔しない人生、歩んでいますか?**
☞ **育てたい「わたし資産」を書き出してみましょう**

やりたいことをするにしても、娯楽や外食、趣味にそんなにお金かけていいの？と思う人も多いかもしれません。最低限の備えをした上なら、使っていい、むしろ使ったほうが資産形成につながると私は考えています。

たとえば旅行をすれば初めての景観、食べ物、人との出会いがあります。価値観が変わることだってあるでしょう。趣味の世界が広がれば、いろいろな人とも出会い、知識やスキルも身につきます。そのすべての経験が「わたし資産」となって、物事をポジティブにとらえる力や、稼ぐ力、困ったときに頼れる人脈につながるのです。

INDEX

参考文献

『あなたが投資で儲からない理由』大江英樹著(日本
経済新聞出版)/『最強の老後資産づくり iDeCoの
トリセツ』大江加代著(ソシム)/『キャリア開発と統
合的ライフ・プランニング―不確実な今を生きる6
つの重要課題』サニー・S. ハンセン著(福村出版)/
『LIFE SHIFT』リンダ・グラットン、アンドリュー・
スコット著、池村千秋訳(東洋経済新報社)/『『幸せ
をお金で買う』5つの授業』エリザベス・ダン、マ
イケル・ノートン著、古川奈々子訳(中経出版)

● 著者
鈴木さや子（すずき　さやこ）
株式会社ライフヴェーラ、みらい女性倶楽部代表。CFP®、1級ファイナンシャルプランニング技能士、1級DCプランナー、キャリアコンサルタント（国家資格）。損害保険会社退職後、専業主婦10年超を経て現職。保険や金融商品を一切販売せず、毎日を笑顔で過ごすためのお金・キャリアの情報を発信している。いつでも会いにいけるFPとして、月に数回、スナックデルソーレGINZA（https://delsole.tokyo/）にてママとしても活動中。

みらい女性倶楽部HP

STAFF
イラスト・漫画／かりた
装丁・本文デザイン／橘 奈緒
校正／関根志野
編集協力・DTP／株式会社エディポック
企画・編集／上原千穂（朝日新聞出版　生活・文化編集部）

資産形成の超正解100

2023 年 1 月 30 日　第 1 刷発行

著　者　　鈴木さや子
発行者　　片桐圭子
発行所　　朝日新聞出版
　　　　　〒 104-8011
　　　　　東京都中央区築地 5-3-2
　　　　　（お問い合わせ）　infojitsuyo@asahi.com
印刷所　　中央精版印刷株式会社